货币理论与商业周期

〔英〕弗里德里希·A.哈耶克 著
吴富佳 陈伟 吴彼得 译

Monetary Theory and the Trade Cycle

Friedrich A. Hayek

MONETARY THEORY AND THE TRADE CYCLE

Sentry Press, New York, 1933

根据美国纽约哨兵出版社 1933 年版译出

信用扩张、货币内生与经济周期

——哈耶克的《货币理论与商业周期》中译本序

韦森

在波澜壮阔的20世纪世界历史上，弗里德里希·A.哈耶克（F. A. von Hayek，1899—1992）是举世公认的影响了人类社会历史发展进程的伟大思想家。哈耶克在20世纪40年代出版的两本著作《通往奴役之路》和《个人主义与经济秩序》，深刻剖析和反思了希特勒统治下的德国纳粹体制和苏联斯大林主义计划经济模式的弊端和运作机制，唤醒了全世界人民对这两种集权体制的认识，为苏联、东欧各国以及后来的计划经济国家的市场经济改革和发展提供了思想资源。而1960年之后出版的《自由的构成》、《法、立法与自由》以及《致命的自负》等著作，阐明和弘扬了现代法治民主社会运行的理论根基，因而在世界上为各国学术界和社会广大人士所阅读和认可。正是因为哈耶克在几十年的理论研究中阐发出深邃而独到的思想与理论，他与瑞典经济学家冈纳·缪尔达尔（Gunnar Myrdal，1898—1987）一起获得了1974年诺贝尔经济学奖。

但是，到今天，可能许多人还不知道的是，哈耶克之所以获得诺贝尔经济学奖，并不是因为他从20世纪40年代到80年代所出版的名著和发表的论文中的思想发现和理论主张，而主要是因为哈耶克在20世纪20到40年代初所撰写的纯思辨难懂的几本经济学著作和一些论文，其中很大一部分是由20世纪上半叶与另一位影响世界历史发展进程的伟大经济学家约翰·梅纳德·凯恩斯（John Maynard Keynes，1883—1946）的经济学理论论战所引发而撰写的。诺贝尔评奖委员会在宣布把1974年诺贝尔经济学奖授予哈耶克和缪尔达尔时就明确指出，颁奖给他们是以"表彰他们在货币政策和商业周期上的开创性研究，以及他们对于经济、社会和制度互动影响的敏睿分析"。

尽管哈耶克获诺贝尔经济学奖主要是因为他在20世纪20年代到40年代的纯经济学理论贡献，然而令人遗憾的是，第二次世界大战后，伴随当代经济学尤其是宏观经济学理论的突飞猛进，哈耶克早期的经济学著作却在很大程度上被世人所忽视和遗忘了。不但到目前为止在西方国家新古典主流经济学和各种凯恩斯主义经济学流派内很少有人关注哈耶克在20世纪20年代末到40年代初所撰写的几部纯经济学著作和一些文章，甚至目前在世界上为数不多的奥地利学派经济学家内部，几乎也很少有学者认真研读哈耶克这一时期的经济学著作。这些著作主要包括他的《货币理论与商业周期》（1929年德文版，1933年英文版）、《价格与生产》（1931第一版，1935年第二版）、《货币的国家主义与国际稳定》（1937）、《利润、利息与投资：以及关于工业波动理论的其他论文》（1939）、《资本纯理论》（1941），以及就货币理论与商业周期（trade cycle）问题与凯恩斯进行论战的一些纯经济学理论论文。但是，正因为这一时期他的一些著作出版和论文的发表，尤其是哈耶克在伦敦政治经济学院任经济学与统计学教授期间的研究和理论发现，获得了英国、美国、瑞典、德国等世界经济学家们的广泛赞誉和认可，他才在1974年最终获得了诺贝尔经济学奖。

由于哈耶克这一时期的经济学著作和论文是纯理论的，十分艰涩难懂，与国际上经济学界的情况大致相同，国内经济学界和青年经济学子们也很少有人认真研读哈耶克这一时期的经济学著作，以至到目前为止，除了1958年滕维藻和朱宗风二位先生翻译了哈耶克（即海约克——这比较接近Hayek的英文发音）的《物价与生产》（上海人民出版社1958年版）①外，以上提到的几部哈耶克的经济学著作在中国大陆地区还没有中译本。最近，吴富佳博士等几位中国经济学人，正在致力于把这一时期哈耶克的几本主要经济学著作翻译为中文，并将从2024年开始陆续由商务印书馆出版。这应该是中国学界的一件大事！

《货币理论与商业周期》最早是在1929年用德文出版的，这也是哈耶克的第一本经济学著作。在哈耶克于1931年入职伦敦经济学院后，先是把他入职前应莱昂内尔·罗宾斯（Lionel

---

① 严格来说，哈耶克的这本 Prices and Production（1935），被滕维藻和朱宗风二位先生翻译为《物价与生产》，是比较合适的。但是，在今天，经济学界和媒体界大都不再使用"物价"这个词了。未来再重译哈耶克的这本名著时，当翻译为《价格与生产》。在本文和笔者以前发表和出版的文章和专著中，我们都使用了《价格与生产》的书名。

Robbins，1898—1984）邀请所做的4次讲座汇集成了《价格与生产》的小册子，在1931年出版；在罗宾斯的支持下，由著名的剑桥经济学家尼古拉斯·卡尔多（Nicholas Kaldor，1908—1986）和 H. M. 克罗姆（H. M. Croome）把它（《货币理论与商业周期》）翻译成英文，并于1933年由纽约的哨兵出版社（Sentry Press）出版。罗宾斯还为这本书写了一个短序。

在撰写《重读哈耶克》（韦森，2014）、《重读凯恩斯》（2023）和《货币与经济周期》（韦森等，2024年商务印书馆即将出版）三部著作时，笔者曾反复阅读过这一时期哈耶克的几本纯经济理论著作及相关论文，感觉哈耶克的这第一部著作的英译本是他一生中论述最清晰、明确且通俗易懂的著作——尽管很明显，他在这本著作中关于"货币理论与商业周期"问题的理论观点尚在初步形成过程中，许多重要理论发现还没有完全形成，有些理论观点和概念后来他自己也有所修正了（当写作这本书时，哈耶克才不到30岁，还是维也纳大学的一位编外讲师）。哈耶克的货币与商业周期理论，到《价格与生产》这本小册子出版时，才基本上形成，并在20世纪30年代不断完善，到1941年的《资本纯理论》一书中才大体上最后定型。

尽管笔者对哈耶克的《货币理论与商业周期》的英文版研读过多遍，而目前看来，哈耶克的"货币与商业周期理论"在当今世界经济格局中仍有一定理论和现实意义。接下来，笔者将借最近再读哈耶克的这第一本学术著作，综合介绍和评述一下他这本书的主要观点和理论发现，以期引起更多学界同仁的理论关注和深入研究，并期望今天一些主要国家政府的决策层和央行的经济学家们能从哈耶克的货币与商业周期理论中得到一些启示。

一、研究经济周期的方法论

自从英国工业革命之后现代市场经济逐渐演化生成以来，从二十世纪三四十年代到今天，资本主义市场经济不断在经历着周期性的繁荣、衰退、萧条到复苏的循环过程，这被经济学界称为"经济周期"（economic cycles）或"商业周期"（trade cycles），也有经济学家把这一现象称为周期性的"产业波动"（industrial fluctuations）。①尤其是到1929年，出现了以美国为主的西方各国经济"大萧条"（The Great Depression），商业周期理论自19世纪以来也几乎成了大部分经济学家都关注的问题。在近现代经济思想史上，马克思、熊彼特（Joseph A. Schumpeter）、霍特里、罗伯逊、米塞斯（Ludwig H. E. von Mises, 1881—1973）、哈耶克，以及美国的制度经济学派的经济学家韦斯理·米切尔（Wesley C. Mitchel, 1874—1948），后来的罗伯特·卢卡斯（Robert E. Lucas, Jr., 1937—2023）、本·伯南克（Ben S. Bernanke, 1953— ）、爱德华·普雷斯科特（Edward C. Prescott, 1940—2022）和芬恩·基德兰德（Finn E. Kydland, 1943— ）等经济学家都对资本

---

① "industrial fluctuations"被翻译为"产业波动"，这是20世纪前半期中国经济学界的普遍译法。按现在经济学界普遍用语，这个词也可以翻译为"工业波动"。但是，按照20世纪40年代之前的西方经济学界商业周期理论经济学家们的实际用法，我反复琢磨，他们所说的"industrial fluctuations"，不仅仅是指作为"制造业"的工业，也包括商业、运输业，乃至金融业等等。故这里还是保留了"产业波动"的旧译法。

主义经济中的商业周期问题进行了各种各样的研究，提出了各种各样的理论解释和原因分析。哈耶克在1923年3月到1924年5月在美国游学期间，曾亲受米切尔的商业周期理论研究的影响。回到维也纳，哈耶克就向米塞斯提出要建立一个"奥地利商业周期研究所"，并在米塞斯和美国洛克菲勒基金的支持下，该研究所于1927年元旦在维也纳正式成立。正因为这一时期哈耶克专注于商业周期问题的研究，对这一领域之前的文献十分熟悉。因此，在《货币理论与商业周期》第一章，哈耶克就根据他在这一领域的广泛阅读和思考，先是讨论了研究商业周期的方法论和理论进路问题。

首先，受奥地利当时德国的一位经济周期问题专家洛维（A. Löwe）的影响，哈耶克先讨论了经验研究在经济学中的作用，认为经验研究"本身不能提供有关商业周期的原因和必然性研究的任何新见解"（Hayek, 1929/1933, p. 27）。他还认为，统计研究在探寻商业周期原因上，也不能有任何帮助："虽然商业周期理论可以作为统计研究的基础，但统计研究本身永远无法证实商业周期理论，在强调这一事实的同时，绝不应贬低实证方法的价值。"（同上，pp. 31—32）哈耶克进一步解释道："统计只能在消极意义上验证理论。统计要么可以证明有些现象是理论不能充分解释的，要么可以证明理论不能发现这些现象。"（同上，p.34）由此，哈耶克得出结论说："统计研究对已有理论解释的依赖几乎是不言而喻的……因此，一再声称应在不带任何理论偏见的情况下对商业周期进行统计检验的论断，总是基于自欺欺人。"（同上，p. 38）

其次,哈耶克认为,商业周期理论应该被区分为货币理论因素解释和非货币理论因素解释。在1933年《货币理论与商业周期》的英文版所增加的注释中,哈耶克说:"自本书德文版出版以来,我越来越不相信货币和非货币解释之间的差异是各种商业周期理论之间最重要的分歧点。一方面,在我看来,在货币类解释的范畴内,一些理论家认为货币价值变动的表面现象是周期性波动的决定性因素;而另一些理论家则强调,货币因素给生产结构带来的实际变化。这两者之间的差异,远远大于后者与如A.斯皮特霍夫(A. Spiethoff)教授和G.卡塞尔(G. Cassel)教授等所谓非货币理论家之间的差异。另一方面,在我看来,这些从资本匮乏中去寻找危机根源的解释与所谓的'消费不足'理论之间的区别,在理论上和实践中,都比货币理论解释与非货币理论解释之间的区别更具深远意义。"(同上,p. 41)尽管如此,哈耶克在书中还是坚持了商业周期的货币因素解释论和非货币因素解释论区分。因为,他认为,"作为一种商品(commodity)的货币,不同于其他任何商品,它最终不能满足任何需求,货币的引入消除了'封闭的'均衡体系黏性的(rigidity)相互依存和自给自足状态,并使那些被排除在后者之外的运动成为可能。这里有一个起点,其满足了任何令人满意的商业周期理论"。接着,哈耶克指出:"商业周期的货币理论成功地凸显了正确的问题,并在许多情况下为解决这些问题做出了重要贡献;但是,其尚未提出无懈可击的解决办法,原因似乎在于,商业周期的货币理论的所有支持者都只是或主要是在货币价值变化的表面现象中寻求解释,而未能追寻货币进入经济体系的过程所产生的甚为深远和根本的影响,而这种影响不同于货币对一般价格的影响。"(同上,pp. 45—46)到这里,我们可以清楚地看出,哈耶克在他的第一部学术专著中已经表明,虽然他自己也属于商业周期的货币因素理论解释派,但是,他的观点不同于当时已有的从货币价值变动来解释商业周期的各种理论观点,而更注重货币进入经济体系对整个经济过程和生产结构的影响。从这里也可以看出,哈耶克之所以能在1974年获得诺贝尔经济学奖,在他的第一本学术专著中已经埋下了发芽成长的理论种子。在其后的《价格与生产》到《资本纯理论》等一系列著作和文章中,这一深刻的理论之树只是在不断地完善和成长而已。

哈耶克之所以如此早地形成了他的(也被称作为奥地利学派的)独特的商业周期理论,首先是在年轻时受到庞巴维克(Eugen von Böhm-Bawerk,1851—1914)、维塞尔(Friedrich F. von Wieser,1851—1926),尤其是瑞典经济学家维克塞尔(Knut Wicksell,1851—1926)和他的师友米塞斯的影响。他公开承认过这一点:"最后,货币作为起点使我们实际上可能演绎性地证明,在现行货币制度下,甚至在几乎任何可以想象的其他制度下,波动是不可避免的。这将特别表明,维克塞尔-米塞斯关于'自然'利率和货币利率之间差异效应的理论,已经包含了最重要的解释要素。只有不再直接涉及纯粹虚构的'一般货币价值'(正如米塞斯教授已在一定程度上做到的那样),才能形成商业周期理论的基础,这足以对商业周期中的所有要素进行演绎性的解释。"(同上,pp. 47—48)

二、经济周期的非货币因素解释和货币因素解释

在对历史上各种各样的经济周期理论进行了大致分类之后,哈耶克首先分析了商业周期的非货币理论解释的问题。在20世纪30年代之前,大多数研究现代市场经济体系中的商业周期现象的经济学家们大都认为,生产技术的变化,消费品和资本品生产的结构失衡,乃至经济的外在因素冲击(包括天气等等),是商业周期的主要原因。这其中包括熊彼特(创新驱动理论)、帕森斯(W. M. Persons),美国制度经济学家米切尔、汉森(A. H. Hansen)、卡塞尔(G. Cassel)等。这类商业周期的非货币因素解释学派提出了各种各样商业周期和工业波动产生的原因。为了反驳这种种非货币因素的解释理论,哈耶克假定,"为了弄清'真实的'原因(这些因素是被作为'货币变化不是周期性波动的原因'而加以强调的)是否能对周期性波动进行充分解释,有必要研究它们在纯粹物物交换条件下的运作"。(同上,pp. 85—86)哈耶克认为,在没有货币的物物交换经济中,还谈不上均衡与非均衡,因而也不可能产生周期性的经济波动。因此,哈耶克认为:"这种思路将会完全驳倒所有基于生产、市场、金融和心理现象的(周期)理论,这些现象都不能帮助我们解除构成所有经济论证基础的基本均衡关系。"(同上,p. 86)由此,哈耶克强调指出:"货币因素必须被视为解释周期性波动的决定性因素。"(同上,p. 98)为什么如此?哈耶克在前面解释道,这主要是由

货币的基本职能所决定的:"货币作为一种纯粹的交换手段,任何人都不会为消费的目的而需要它,就其本质而言,它总是在没有完全达到其目的的情况下被用于再交换;因此,当它存在时,静态理论基本假设的系统的终结性和'封闭性'就被放松了,并导致出现了在静态均衡的封闭系统中难以想象的现象。"(同上,p. 93)由此哈耶克相信,不研究货币问题,不考察利息、信贷、储蓄、货币的创生和投资,就不可能认识自英国工业革命以来现代市场经济的周期性的经济波动。就此,哈耶克特别指出:"通过将货币因素包含在阐释的基本假设之中,就有可能推断出诸如在周期性波动中观察到的那些先验现象。使上述商业周期理论认为理所当然的'利率制动'(interest brake)失效——这是一个由货币影响引起的价格机制扰动的例子,也是从商业周期理论的角度来看最重要的一个例子。"(同上,p. 94)。从这个角度哈耶克还特别强调指出:"我们不要忘记,不仅是当前生产的数量,而且生产设备(包括不能忽略的存货)的规模,在任何时刻,都是通过价格来调节的。除了上述商品和服务的价格以外,尤其是通过使用资本的价格——即利息来调节的,无论我们接受何种特定的利息理论,所有的当代理论都一致认为,利息的作用是使各种生产部门的资本供给与需求相等。"(同上,p. 75)

从货币、利率、投资与经济波动的角度来思考商业周期问题,哈耶克自然追溯到了企业家的行为和预期。为此,哈耶克先是批评了当时一位经济学家哈迪(C. O. Hardy)的一些错误认识。哈迪认为,在自由竞争下,越来越多的人试图从有利的形势中获利,所有人都忽略了彼此的准备工作,并且"没有任何力量通过干预来遏制生产的持续增长，直到它自我反映在订单减少和价格下降之中"（Hardy, 1923, p. 72）。哈耶克认为，根据这一陈述，价格机制只有在产品进入市场时才起作用，而在此之前，生产商只能根据他们所估计的需求总量来调节他们的生产规模。由此，哈耶克指出，哈迪的论述清楚地表明了这些理论中反复出现的基本错误："产生该基本错误是由于误解了企业家调整行为的考量及误解了价格机制的重要意义。"（Hayek, 1933, p. 68）

沿着这一理论分析路径，哈耶克就自然而然且天才地辨识到企业家在市场经济中行为尤其是企业家的预期在商业周期中的作用。哈耶克指出："如果企业家真的必须依靠他对产品总需求数量增长的知识来做决策，如果经济活动的成功真的总是依赖这种知识，那么，不需要非常复杂的情况就能对供求关系产生持续扰动……在现代交换经济中，企业家不是为了满足某种需求而生产——即使有时这么说——而是基于对盈利能力的计算；而正是这种计算才能使供给与需求平衡。在给定的情况下，他一点也不关心总需求的变化；他只关心在该变化发生后他可以期望得到的价格。之前所讨论的理论都不能解释为什么这些预期通常被证实是错误的……至少在很长一段时间里，由于货币的扰动的影响没有发挥作用，我们不得不假设，企业家预期由于需求变化或生产条件变化所产生的价格，差不多会与均衡价格一致。对于企业家来说，根据他对生产条件和市场的了解，通常能估算出变化发生后的主导价格，这不同于其对总需求数量变化的估计。"（同上，pp. 68—69）把企业家的行为尤其是企业家的预期考虑进来，哈耶克提出："商业周期理论的任务是说明在什么条件下，纯经济分析所描述的趋向均衡的过程可能会出现断裂——即为什么与静态理论的结论相反,价格没有引起与均衡状态相符的生产数量的变化。"(同上,pp. 70—71)

哈耶克在1929年的著作中就提出要从企业家的行为和企业家的预期来探寻现代市场经济中的商业周期现象,与英国的伟大经济学家凯恩斯在"货币三论"[即《货币改革论》,1924;《货币论》上、下卷,1930;和《就业、利息和货币通论》(后简称《通论》),1936]尤其是在《通论》中所提出的经济危机不过是资本的边际效率(the marginal efficiency of capital——这取决于企业家的预期)突然崩溃的结果,因而"商业周期最好应当被认为是由资本的边际效率周期性的变动所造成的"(Keynes, 1936, p.33)的这一分析理路在精神实质上是完全一致的。这也就能从一个方面让我们明白,凯恩斯和哈耶克这两位20世纪最伟的大经济学家(二人从思想的理论渊源上说,都来自瑞典经济学家维克塞尔,这一现象被学界称作"维克塞尔关联"——即"Wicksell connection"),尽管哈耶克感到在学术上与凯恩斯处于伯仲之间——甚至有些"亮瑜情结"——并于20世纪30年代在二人之间发生了世纪性的理论大论战,但二人却私交甚笃,不但相互切磋、相互砥砺而且相互尊重,这已经成为现代经济思想史上的一段佳话了。

三、信用扩张与货币内生

在对当时的现代市场经济中的商业周期的非货币理论解释和

货币理论解释（哈耶克基本上属于这一派）各自的问题和不足之处分别进行了阐释和分析之后，沿着维克塞尔-米塞斯的"自然利率"与市场"货币利率"的分析进路，哈耶克开始了他自己的货币与商业周期分析框架的理论建构之路，想依此来探寻现代市场经济中周期性波动的根本原因。

沿着维克塞尔-米塞斯的分析理路，哈耶克继续追问道，在现代市场经济体系中，既然货币利率（money rate of interest）与均衡利率（equilibrium rate[①]）的偏离是商业周期发生的重要原因或至少是引火器——哈耶克说："正如我们所看到的，这种偏离必定被视为生产结构周期性反复出现的不均衡现象的原因"（Hayek, 1933, p. 139）——那么，二者的偏离又是如何发生的呢？在《货币理论与商业周期》第四章，哈耶克认为，有证据表明，"周期性波动的主要原因必须从货币数量的变化中寻找，这种变化无疑总是反复出现，而货币数量发生的变化总是导致定价过程的扭曲，从而误导生产。因此，我们正在寻找的新要素，就存在于可供经济体系支配的货币数量的'弹性'[②]中。正是这个要素的存在构成了商业周

[①] 在使用"均衡利率"时，哈耶克还特别加了一个注脚："我认为 K. 施莱辛格（K. Schlesinger）在其《货币和信贷理论》（*Theorie der Geld-und Kreditwirts chaft*）（慕尼黑和莱比锡，1914年，第128页）中引入德国的术语'均衡利率'（equilibrium rate of interest），似乎比通常的'自然利率'（natural rate）或'真实利率'（real rate）更可取。马歇尔早在1887年就使用了'均衡水平'（equilibrium level）这个术语。"（Hayek, 1933, p. 139）从这里可以看出，哈耶克这位老学究式的经济学家，从一开始著述做学问起，就十分严谨，且对用词、术语的选择和语言表达十分考究。

[②] 到现在我们仍然不明白维克塞尔和哈耶克所使用的"货币数量的弹性"是指什么，又是如何在现实中计算出来的。

期出现的充分和必要条件"(同上，pp. 140—141)。

进一步的问题是，在现代货币和信用制度下，货币数量变化以及由此产生的自然利率（哈耶克这里仍然使用了庞巴维克、维克塞尔和米塞斯所使用的"自然利率"概念）与货币利率之间的背离是如何发生的？哈耶克对这个问题的追问使其开始探究现代货币和信用经济中货币创造机制问题。

在这里，哈耶克发现，当时的大多数货币理论是错误的。他认为，要理解商业周期的货币理论现状，必须要特别注意这些流行理论所依据的一些假设。而当时货币理论普遍被认为是所谓的"外生理论"[①]。哈耶克甚至认为："米塞斯教授本人——他当然被认为是德国商业周期货币理论最受尊敬和最坚定的倡导者——在他的最新著作中，将商业周期的周期性出现归因于中央银行将货币利率压低至自然利率之下的普遍倾向，为其理论观点提出了充足的理由。因此，商业周期货币理论的倡导者和反对者都一致认为，这些解释最终属于外生理论，而非内生理论。"（同上，p. 145）。然而，哈耶克也注意到，维克塞尔等经济学家的各种早期商业周期理论毫无疑问地显示出了具有内生性的本质。接着，哈耶克指出："事实上，为了介绍一种繁荣与危机交替出现的局面，并没有必要列举银行[②]方面进行的干预。无视在经济发展过程中自动产生的自然利率与货币利率之间的差异，并强调这种差异是人为降低货币利率所引起的，这就使商业周期理论失去了一个最有力的论

---

① 事实上，在国际和国内学界直到今天仍然是如此。
② 哈耶克这里实际上是指中央银行。

据。也就是说，它所描述的过程必然始终在现有的信贷组织下重复出现，因此它代表了经济体系中固有的一种趋势，而且，从最充分的意义上说，它是一种内生的理论"（同上，pp. 146—147）。哈耶克还接着追加道，以上所描述的情形可能是实践中最常见的情形，而且事实上在现存的信贷组织中**必定且必然**会重复出现。

在非常敏锐和明确地区分出"货币外生"和"货币内生"两个概念（在《货币理论与商业周期》这本书中，哈耶克区分这两个概念及其界定甚至比凯恩斯在其"货币三论"中讲得还清晰、明确和准确——如果说不是更早的话）之后，哈耶克还具体阐释了在一个经济体中货币数量增加的三种可能途径："有三个因素可以调节一个国家内的通货的数量——由黄金流入和流出引起的现金数量的变化；中央银行纸币发行的变化；最后，在许多方面也是最重要的，是经常引起争议的其他银行'创造'存款。[①]这些因素之间的相互关系自然是复杂的。"（同上，pp. 148—149）

[①] 直到今天，许多人对经由货币外生和货币内生引致的货币总量的创生机制仍然是一知半解、满头雾水。就连今天的绝大多数宏观经济学的教科书，实际上都只在讲货币都是央行印发出来的（即全部外生并直接注入经济体的）。大多数经济学人也都相信，央行发行的基础货币，再加上一个货币乘数，就是货币总量创造的一切。在凯恩斯（Keynes, 1930）和之前的杰文斯（Jevons, 1875）提出"记账货币"（Money of Account）以及哈耶克在《货币理论与商业周期》这本书（Hayek, 1929/1933）中明确区分"货币外生"和"货币内生"这两个概念后，大多数经济学家对流通中的货币总量的创生机制仍然感觉是浑浑噩噩的。好在最近由四位英国经济学家乔西·瑞安-柯林斯（Joshua Ryan-Collins）、理查德·沃纳（Richard Wener）、安德鲁·杰克逊（Andrew Jackson）和托尼·格里纳姆（Tony Greenham）合著的一本书《货币从哪里来？》（Ryan-Collins et al., 2012）一书，通过对银行实际操作和现代金融体系的实际运行的分析，详细阐明了一个经济体系中货币总量是如何创造的。这也更清楚地从现当代经济运行的实践的角度进一步阐明了哈耶克和凯恩斯在90多年前所阐释的货币创生机制。

哈耶克还特别强调指出，银行发放信贷从而创造存款是增加货币数量的三种可能途径中最重要的一条途径。①

从各种版本的哈耶克的传记来看，他从来没有在商业银行和任何金融机构实际工作过，但他在这本书中却对银行贷款创造存款从而对货币内生讲述得如此清晰明白。譬如，在谈到银行家可任意创造信贷的可能性时，哈耶克指出："由于建立在新增存款基础上的信贷通常不会出现在授予信贷的同一家银行的账户中，因此，在个别情况下，根本无法区分'通过现金支付产生的存款和那些源自信贷的存款'。"（同上，p. 163）哈耶克还指出："当然，银行家是否或一定可以按照自己的自由意志创造新增信贷，完全是另外一个问题。对这种新增信贷理论的反对意见，是针对银行'按照自己的意愿'创造信贷的说法，尽管在给定的利率下仍然适用，但这对我们分析所需要的那部分理论没有丝毫影响。"（同上，pp. 165—166）根据当时一位叫布尼亚蒂安（Bouniatian）的教授的"存款并不取决于银行，而是取决于商业和工业的需求，银行扩大信贷的程度"这一观点，哈耶克似乎相信，"毫无疑问，随着商业周期处于上升时期，银行信贷会出现一定程度的扩张"（同上，p. 167）。②

基于上述理论分析，哈耶克进一步指出："根据工业的'要

---

① 在这里的一个注脚中，哈耶克指出，银行学派的经济学家们早就认识到了这一点，维克塞尔则首先指出，银行的存款业务是流通货币数量弹性（elasticity）的首要因素（Hayek, 1937, p. 148）。

② 在这里，哈耶克是在提醒人们，在一个经济体的货币创造过程中，信贷需求是货币创造的一个重要因素，而直到现在，大多数经济学家还只是关注央行的"货币供给"对经济过程的影响。认识到货币总量主要是由商业信贷扩张所造成的这一点，对理解现代经济体系的运作乃至商业周期发生原因，尤为重要。

求'调整货币数量的直接后果是,'利息制动'不能像在没有信贷的经济体中那样迅速地发挥作用。然而,这意味着进行比能够完成的规模更大的新调整;因此,繁荣成为可能,同时不可避免地反复出现'危机'。因此,实际上,周期性波动的决定性原因应归结为流通媒介数量的弹性,在此情况下,银行所要求的利率并不一定总是等于均衡利率,而是在短期内,由对银行流动性的考量所决定。"(同上,pp. 179—180)

四、被迫储蓄与经济危机

阐明了货币总量的三种产生机制尤其是明确区分了货币外生和货币内生两个概念并详细地考察了内生货币创造的过程和机制之后,哈耶克还想进一步探究现代货币经济中商业周期产生的根本原因。在《货币理论与商业周期》第五章一开始,哈耶克就指出:"我们的研究所得到的一个最重要的结果是,必须掌握这样一个基本事实,即我们无权假设一个具有'弹性'货币的经济体系会呈现出那些可以立即从静态理论命题上演绎出来的变动。相反,可以预料的是,会出现在该理论通常假设的条件下不可能发生的变动。"(同上,p.196)接着,哈耶克批判了所谓的随着货币量增减影响"货币价值"变化对经济运行有影响的传统货币理论,提出,有了"有效货币流通量的所有变化,且只有这样的变化,才会被视为能够产生'货币影响'的经济数据变化"(同上,pp. 196—197)。实际上,哈耶克这里是说,不需要去费力研究货币的总量的增减所导致的"货币价值"变动这类古典经济学的形而上学问题,而只要研究货币总量的增加对经济过程和商业周期的影响就够了。

那么,货币数量的变化是如何影响经济过程乃至造成经济危机的?哈耶克认为,要弄清这个问题,首先要记得这样一条准则:"调整货币供给量以适应'货币需求'的变化,是均衡理论所提出的系统均衡过程平稳运行的根本条件。"(同上,p. 197)为了更清楚地阐明这一道理,哈耶克接着指出:"关于货币数量变化的影响的准确命题,只有在货币数量变化的源头和在经济体系中发生该变化的部分都有准确信息时才能确定……个人选择如何花钱是天生的还是其他非经济动机的结果,不能从推测的考虑来判定。同样,只要我们不了解银行向国家提供的信贷如何使用这一信息,就几乎不能先验地对该银行信贷进行判定。然而,当我们讨论银行向工业提供的生产性信贷时,情况就不同了——这些信贷是通货数量最常见的增长形式。只有在使用这些信贷是有利可图的时候,或者至少看起来是有利可图的时候,它们才会被发放。然而,盈利能力是由为这些信贷所支付的利息与使用这些信贷所赚取的利润之比决定的。只要在任何给定利率下可获得的信贷数量是有限的,竞争就会确保只有最有利可图的业务才能从给定数量的信贷中获得资金。因此,利率决定了这些新增货币的用途,而这些用途可判定的数额又取决于对利率的重要性和影响的了解程度。"[①](同上,pp. 198—199)

[①] 应该说,到这时哈耶克还没注意到利率变动会通过影响信贷规模进一步影响货币总量的增减。认识不到这一点,就不能理解为什么当今大多数发达市场经济国家的央行都主要采取提高和降低央行基准利率(被业界通常称为"价格调控"——因为利息是使用货币的价格)而不再用提高或降低商业银行法定准备金的"数量调控"手段来调节货币总量和制定货币政策了。

到这里，哈耶克沿着自己环环相扣的逻辑分析理路从货币总量的增减对经济过程的影响，进一步推进到分析利率的变动对经济过程和商业周期发生影响的机制过程。这自然又回到了维克塞尔、米塞斯以及哈耶克和凯恩斯在《货币论》中所共同采用的从"自然利率"（或"均衡利率"）[①]与市场货币利率的背离角度来探讨现代市场经济中商业周期现象的理论进路上来了。为了阐明这一理论进路，哈耶克研究了"自然利率"的波动问题："在纯粹利息理论的框架下……我们必须简要地讨论自然利率受到'真实'因素制约的短暂波动的影响问题。这个问题非常重要，它在当今一些最著名的商业周期理论中占有决定性的地位。特别是卡塞尔教授的观点，周期性波动的真正原因在于高估了新资本的供给，这是基于这样的假设——即真实因素影响的利率暂时下降，会像人为以货币因素降低利率一样，导致过度投资。"（同上，pp. 203—204）但哈耶克认为，卡塞尔在其商业周期理论中用需求侧的变化解释商业周期并不充分。因为，"储蓄的剧烈波动以及随

[①] 我们也注意到，在后面的论述中，哈耶克发现了维克塞尔、米塞斯的自然利率与货币利率的偏离影响市场价格乃至引起商业周期之分析进路的不足："维克塞尔的概念在研究货币对经济体系的影响方面具有根本意义；特别是如果人们意识到货币利率被不断增加的通货的数量压到低于自然利率的重要实际意义。遗憾的是，尽管维克塞尔的解决方法不能被认为在所有方面都是充分的，但自从他提出这个方法以来，还完全没有受到与它的重要性相称的关注。除了上述提到的米塞斯教授的著作外，该理论没有取得任何进展，但仍有许多与之相关的问题有待解决。"（同上，pp. 211—212）从这里我们也可以看出，为什么瑞典诺贝尔经济学评奖委员会在1974年把当年的诺奖授予了哈耶克与缪尔达尔而不是米塞斯了。同样，我们也能意识到，该委员会把当年的诺贝尔经济学奖同时授予哈耶克和缪尔达尔，也暗含着对维克塞尔这位19、20世纪之交伟大的瑞典经济学家致敬的含义。

之而来的均衡利率的暂时变化,和人为地降低货币利率一样造成资本投资的扩大,而由于储蓄供给减少,这种投资在以后将无法维持"(同上,p. 205)。①

到这里,哈耶克沿着货币创造的外生和内生过程以及货币供给和需求所导致的利率问题,追溯到讨论储蓄(savings)问题上来了:"毫无疑问,这种受储蓄率变化影响的自然利率波动,在利息理论中提出了一些非常重要的问题,解决这些问题将有助于评估受货币变化影响的波动效应。"(同上,p. 206)为什么储蓄在均衡利率与市场货币利率之间的关系中起到如此重要的作用?哈耶克认为,每一种给定的生产结构中以及在不同生产部门和生产阶段上,每一种产品的配置,都要求最终产品的价格与生产资料的价格之间存在某种确定的关系。"在均衡状态下,这两组价格之间必然存在的差额必须与利率相对应,在这个利率水平下,必然从当前的消费中储蓄同样多的资金,并可作为维持这种生产结构所必需的投资。"(同上,pp. 212—213)但是,问题在于,"除了个人储蓄活动(当然包括公司、国家和有权筹集强制性缴款的其他机构的储蓄)之外,消费和资本创造之间的比例只能随着货币有效数量的变化而变化"(同上,p. 214)。哈耶克还认为,"消费与积累"之间的变动并不是真实的,"因为这些差异是由于给企业家提供了新增的信贷……将货币向流通的注入只是暂时起作用——**直到新增的货币变成了收入。此时,除非新信贷与新的**

---

① 在其后的《价格与生产》中,哈耶克(Hayek, 1935)进一步展开探讨了这一问题,基本上建立起了他的独特的货币与商业周期理论分析的框架。

货币收入总额之间的关系与第一笔注入的货币与前一笔货币收入总额之间的关系相同，资本创造的比例必须重新回落到自愿储蓄活动的水平"（同上，p. 215）。

提到了"自愿储蓄"，哈耶克又接着论述了"被迫储蓄"（forced saving）①这个在经济思想史上经常被人使用的概念，并把现代资本主义市场经济的经济危机或商业周期的最终原因归结为

---

① "forced saving"这个经济思想史上被许多经济学家使用过的概念，国内学界一般把它翻译为"强制储蓄"或"强迫储蓄"，最近，通过反复研读哈耶克、凯恩斯、维克塞尔以及米塞斯的著作，我觉得这两种中文译都比英文原意有点过强。因为，不管是个人、家庭、公司、政府机构、金融机构、证券公司和其他各类组织机构，当收到一笔货币收入或者是借入一笔款项，甚至为朋友和他人代为保存一笔资金——除了贩毒、贿赂、洗钱和其他非法来源而必须保藏现金外，都会把手中的货币马上存入银行或其他存款机构。这一方面是为了防止被偷盗、被抢劫、被烧毁或其他可能的损毁，还可能因为可以从银行存款中收到一定的存款利息。因此，在任何情况下，个人、家庭、企业、政府机构和其他组织在银行存款，大都可以被认为是"自愿储蓄"（voluntary saving）。除非在一些非常情况下，受政府和司法机关命令以及被某人或某种组织所胁迫必须把某一笔款项存入某银行，其他都不能算作中文意义的上"强迫储蓄"或"强制储蓄"。经反复斟酌和推敲，我觉得"forced saving"这个英文术语至多应该被翻译为中文的"被迫储蓄"。实际上，在英语世界中，经济学家们也对"forced saving"这一概念是否合适提出过一些质疑。譬如，瑞典经济学家埃里克·R. 林达尔（Erik R. Lindahl）在1930年出版的《利率与价格水平》一书中，就曾分析道，在积累高涨的过程中，不断提高的物价必将改变那些具有强烈储蓄倾向的人的资产配置，直到社会总储蓄等于实际投资。但这种储蓄是自愿的，因为个人可以根据自己的喜好自由地消费，而唯一限制他的是他自己的信用状况。林达尔还注意到，由于利率下降导致计划投资超过计划储蓄，并且随着价格上涨使企业家在事后将获得较高的收入。这预料不到的收入一时不会被企业家们花掉，这自然会提高额外的必要储蓄。林达尔把这种储蓄表述为"无意识的储蓄"。由此他认为"forced saving"是一个不恰当的术语（Lindahl, 1930/1939）。

"被迫储蓄"。

沿着上述信贷增加、货币内生,市场货币利率与"自然利率"(或均衡利率)对生产结构——即消费品生产和资本品生产——影响的分析理论,哈耶克认为,"形成消费和形成资本这两种变化的影响差异首先表现在价格体系上,进而表现在自然利率或均衡利率上。只要生产结构保持不变,由于储蓄活动增加而产生的贷款利率下降的第一个影响是,使该贷款利率低于生产资料价格和产品价格之间的差价"(同上,p. 216)。哈耶克还进一步解释道,储蓄活动的增加一方面很快带来消费品需求的下降,另一方面则增加了对资本品的需求,从而导致其价格上升。然而,如果利率的下降是由于流通货币增加造成的,那么,这就不会导致价格边际的相应降低,也不会导致两组价格重新调整到将持续下降的均衡利率水平。在这种情况下,对投资品需求的增加将会带来对消费品需求的净增长,但这又会带来通货膨胀。一旦信贷膨胀(credit inflation)停止,也会造成投资品价格上涨止步,从而使消费品价格上涨,投资品价格与消费品价格之间的差价也再次扩大。这时经济危机就会到来。

接着,哈耶克继续讨论了当时流行的"被迫储蓄"[①]与商业周

---

① 从经济思想上来看,"被迫储蓄"这个概念是在19世纪初由银行家和经济学家亨利·桑顿(Henry Thornton, 1760—1815)、杰里米·边沁(Jeremy Bentham, 1748—1832)所提出来的,后来马尔萨斯(Thomas Robert Malthus, 1766—1834)、约翰·S.穆勒(John Stuart Mill, 1806—1873)、里昂·瓦尔拉斯(Léon Walras, 1834—1910)、米塞斯(他使用的"被迫储蓄"是一个德文词"*Erzqungenes Sparen*")、熊彼特、罗宾斯以及英国的商业周期理论研究专家丹尼斯·罗伯逊(Dennis Robertson)都

期之联系的理论逻辑。这种理论认为,当银行信贷增加时,新的货币被经济体系内生出来,货币总量不断增加,"被迫储蓄"也会随之增加。"这种现象是以牺牲消费为代价增加资本创造,是通过提供新增信贷,而不是放弃消费的个人的自愿行动,也不会让消费者获得任何直接利益。根据被迫储蓄理论的通常表述,这是通过货币一般价值的下降而发生的,而货币一般价值的下降降低了消费者的购买力,因此释放出来的货品数量可供获得新增信贷的生产者使用。然而,我们对这一理论提出同样的反对意见,正如我们反对通常所说的人为降低货币利率的影响,即,原则上,只要货币数量增加,被迫储蓄就会发生,不需要通过货币价

(接上页)曾使用过。哈耶克、凯恩斯、林达尔也都用过这个概念,但后来他们都对这个概念的合适性表示怀疑。譬如,凯恩斯在《货币论》上卷第12章先是根据他自己的定义把"被迫储蓄"理解为"储蓄与投资之间的差额"(Keynes, 1930, vol. 1, p. 154),但是到《通论》中,凯恩斯则明确指出,"被迫储蓄"及其相关观点的含义十分混乱,"无论如何,我敢肯定,'被迫储蓄'以及最近使用的类似名词(例如哈耶克和罗宾斯教授所使用过的),与我在《货币论》中所使用的投资和'储蓄'之间的差额的意义没有任何具体的关系。虽然这些学者没有对他们所使用的这一名词加以明确的解释,然而,可以清楚地看出,在他们的意义上'被迫储蓄'是一种经济现象,该现象直接来自货币数量和银行信用的改变,并且可以用这种现象加以衡量"(Keynes, 1936, p. 79)。接着,凯恩斯还指出,由于货币数量的改变所导致的储蓄量变动,"并不比任何客观条件的改变造成的储蓄数量的改变更具有'被迫储蓄'的性质,除非我们规定一定的储蓄量,'被迫储蓄'是没有任何意义的"(同上, pp.79—80)。正如下面所看到的,尽管哈耶克在《货币理论与商业周期》这本书和其他文章与著作中也曾大量使用"被迫储蓄"这个概念,但看来他对这个概念也有所怀疑,并在使用中是有些犹豫不决的。

值的变化来体现"（同上，pp. 219—220）。①很明显，哈耶克在这里对从桑顿、边沁、马尔萨斯、约翰·S.穆勒、瓦尔拉斯到丹尼斯·罗伯逊等坚持的传统"被迫储蓄"理论流派观点提出了一些反思性的批评。

  但是，从下面的论证可以看出，哈耶克并没完全否定这种从"被迫储蓄"的货币理论思路探讨商业周期的观点。他指出，与上述我们已经否定的观点密切相关，"我们不需要提供进一步的证据来证明每一次新增信贷的发放都会诱发'被迫储蓄'……这种人为诱发的资本积累的影响——需要补充几句，人们常常论证，人为压低利率所引起的被迫储蓄，将改善经济的资本供应，以致自然利率最终必然降至货币利率的水平，从而创造一种新的均衡状态——也就是说，危机完全可以避免"（同上，pp. 220—221）。但是，哈耶克认为，人为增加固定资本（由新增信贷引起的增加）与自愿储蓄活动产生的增加，将以相同的方式降低自然利率。"这种假设的前提是，新资本必须以这样的方式纳入经济体系，即归入该体系的产品的价格应包括利息和折旧。"接着，哈耶克把庞巴维克的"迂回生产过程"理论引入了进来，认为"如果能够在这些条件仍然适用的情况下完成一个新的迂回生产

---

① 用现在的术语说，哈耶克这时还不同意通过"价格控制工具"来进行调节。但在他的整个货币与商业周期理论的论述和建构中，他一直主张，当银行（市场）利率被人为压低到"自然利率"或"均衡利率"之下，信用即会扩张，而贷款的增加又会创造存款（人们被迫储蓄），从而增加货币总量，这就会导致资本品投资的扩张，最后导致生产结构的变化和失衡，从而发生经济危机。看来，他在写作这一著作时尚年轻，还没完全弄清自己的思想和分析理路，还在他的"商业周期理论"理论框架的建构的半路上。

过程，就可以暂时有助于降低自然利率，但这并不能最终解决这一难题"（同上，pp. 222—223）。

通过上述层层分析，哈耶克最终得出结论说："将被迫储蓄视为经济危机的原因，可能比期望它恢复平衡的生产结构更为恰当。"（同上，p. 226）

五、几点启示

自1929年哈耶克的《货币理论与商业周期》出版以来，转眼已近百年过去了，但是今天再读他的这本著作，我们发现这本薄薄的小册子仍有其十分重要的现实意义。一方面，自2021年新冠疫情在全球爆发后，美国和西方各国央行史无前例地外生超发货币（乃至大力印发钞票，即M0），加上美国对中国发起的贸易战，导致全球供应链的部分断裂和阻断等因素（参考韦森、苏映雪、张嘉诚，2023），自2022年下半年以来，美国和西方发达国家（日本除外）普遍爆发了20世纪70年代以来没有过的高通货膨胀，结果美联储、英格兰银行和欧洲央行从2022年下半年开始急剧缩表，一次再一次地不断加息。这似乎又在重走1929—1933年美国经济大萧条前后美联储的错误货币政策之路（凯恩斯、米尔顿·弗里德曼和伯南克对此都有过深刻的理论批评与剖析）。另一方面，中国在1978年改革开放后经历了40多年的经济高速增长阶段，而广义货币（主要是如哈耶克和凯恩斯所认为的信贷扩张、债务迅速增加和"被迫储蓄"而内生创造出来的）增加得更快。目前，中国的广义货币已经超过了美国和西方国家广义货币总和。到2022年年底，中国的广义货币已经高达266.43万亿元，M2与GDP的比率已为2.2倍多。在此情况下，近几年，中国经济增速又在下行。在这种全球和中国的经济形势格局中，各国央行应该采取什么样的货币政策才是合宜的？

今天，再读哈耶克的《货币理论与商业周期》，我们可以从中至少得到以下几点启示：

第一，在目前经济、贸易、金融、投资、运输和信息已经全球融通的现代市场经济体系中，一些发达经济体之所以不断发生周期性的经济危机，货币因素确实在其中起着一个关键性的作用。现在看来，一个经济体中货币的增长主要有三个来源：一个是央行的增发基础货币（货币的外生注入），另一个是商业银行贷款创造存款，即哈耶克和凯恩斯等经济学家所说的经由"被迫储蓄"引致的货币内生，还有哈耶克在《货币理论与商业周期》这本书中所讲的由于对外贸易的顺差或逆差导致的外汇的增减。而这三种货币创造机制对现代货币化的市场经济运行影响是巨大的。

第二，货币增减对现代市场经济中经济波动的影响并不主要是物价的上涨和下跌（一些国家央行在一定时期疯狂发基础货币——或通俗地讲"疯狂印钞"所造成的恶性通货膨胀的情形除外），而是生产结构的扭曲和不均衡。反过来，市场上资本品价格（PPI）和消费品价格（CPI）的下跌，往往不是经济过度繁荣和货币总量萎缩的结果，而反过来可能是经济萧条即将来临的一个前兆——或者说至少是一个伴随现象。

第三，理解了凯恩斯和哈耶克的货币与商业周期理论共同之处和差异，我们自然会联想到，在信贷急速扩张或央行急剧超发货币导致短期繁荣之后，如若有经济萧条将要出现的征兆，这时央行的合宜货币政策不是像1929—1933年美国大萧条和今天的美联储所做那样急促紧缩货币、缩表或加息，而应是如哈耶克在《货币理论与商业周期》中所讲的那样，要考虑如何影响企业家的预期，或如凯恩斯在《通论》中通篇所强调的那样，如何提高全社会——或者精确地说各行业和各企业——的"资本的边际效率"。这里要特别注意由制度安排和政府政策导向所影响的企业家们的整体预期变差和全社会资本的边际效率的下降。

第四，由于现行的货币制度中，广义货币的增加主要是贷款创造存款（一些存款是由于"被迫储蓄"）而内生出来的。广义货币的快速增长与社会总债务量的增长实是一枚硬币的两面，而后者往往比前者增长得更快、更多。在此类经济体中，如果广义货币和债务还在继续增加，而债务的增加已经让整个社会不堪重负，这时，如果市场运行的自然机制产生贷款——或中国经济学界现在所通常使用的社会融资——规模下降或增速减缓，这未尝不是一件自然而然的且有益的事。因为，这意味着现代市场经济运行机制中还有些自我调节、自我平衡和自我修复的内在功能，这也可能会减弱即将来临经济萧条的烈度和破坏程度。如果意识不到这一点，且仍指望依然靠行政命令强制让商业银行和金融机构继续增加贷款和社会融资来保增速，那结果只会是增加必将到来的经济危机的烈度和破坏力。

以上为笔者对哈耶克《货币理论与商业周期》这部伟大的小

册子的解读以及自己的一点感悟，不一定对。还祈请学界方家和读者予以批评指正！

是为中译本序。

2023 年 10 月 16 日谨识于复旦

参考文献

Hardy, C. O., 1923, *Risk and Risk Bearing*, Chicago: University of Chicago Press.

Hayek, F. A., 1929/1933, *Monetary Theory and the Trade Cycle*, trans. by N. Kaldor and H. M. Croome, London: Johathan Cape.

Hayek, F. A., 1935, *Prices and Production*, 2nd ed., London: Longmans Green & Co..

Hayek, F. A., 1937, *Monetary Nationalism and International Stability*, London: Longmans.

Hayek, F. A., 1939/1975, *Profits, Interests and Investment and other Essays on the Theory of Industrial Fluctuations*, Clifton, NJ: Augustus M. Kelley Publishers.

Hayek, F. A., 1941, *The Pure Theory of Capital*, Norwich: Jarrold and Sons.

Hayek, F. A., 1944, *The Road to Serfdom*, London: Routledge.

Hayek, F. A., 1944/2007, *The Road to Serfdom (The Collected Works of F. A. Hayek, Vol. II)*, ed. By Bruce Caldwell, Chicago: The Chicago University Press.

Hayek, F. A., 1949, *Individualism and Economic Order*, London: Routledge & Kegan Paul.

Hayek, F. A., 1960, *The Constitution of Liberty*, Chicago: The University of Chicago Press.

Hayek, F. A., 1973, *Law, Legislation and Liberty：Rules and Order (I)*, Chicago: The University of Chicago Press.

Hayek, F. A., 1976, *Law, Legislation and Liberty: the Mirage of Social Justice (II)*, Chicago: The University of Chicago Press.

Hayek, F. A., 1979, *Law, Legislation and Liberty: the Political Order of a Free People (III)*, Chicago: The University of Chicago Press.

Hayek, F. A., 1988, *The Fatal Conceit: the Errors of Socialism*, Chicago: The University of Chicago Press.

Keynes, John Maynard, 1924, *A Tract on Money Reform*, London: Macmillan.

Keynes, John Maynard, 1930, *A Treatise on Money*, 2 vols., London: Macmillan.

Keynes, John Maynard, 1936, *The General Theory of Employment, Interest and Money*, London: Macmillan.

Lindahl, Erik R., 1930/1939, *Penningpolitikens medel*, Lund: C. W. K. Gleerup. Tran. as "The rate of interest and the price level", in E. Lindahl, 1939, *Study in the Theory of Money and Capital*, London: George Allen & Unwin.

Ryan-Collins *et al.*, 2012, *Where Does Money Come From: a Guide to the UK Monetary and Banking System*, London: The New Economics Foundation.

Schlesinger, K., 1914, *Theorie der Geld- und Kreditwirtschaft*, München and Leipzig.

韦森，2014，《重读哈耶克》，北京：中信出版社。

韦森，2023，《重读凯恩斯》，上海：上海三联书店。

韦森等，2024，《货币与商业周期》，北京：商务印书馆。

韦森、苏映雪、张嘉诚，2023，"中美贸易关系与美国的高通货膨胀——一个成本传导机制的模型检验"，《南方经济》，第8期。

目　　录

序言 ··· 1
前言 ··· 5

第一章　商业周期问题 ··· 11
1. 经验观察与理论解释之间的关系 ······················· 11
2. 统计在理论验证中的应用 ································ 14
3. 统计的任务是提供属于理论范畴的事件的相关
准确信息 ·· 15
4. 商业周期理论的主要分类是货币理论和非货币
理论间的分类 ·· 18
5. 论述目的 ·· 21

第二章　商业周期的非货币理论 ··························· 23
1. 由于缺乏适当的分类，很难对这些理论进行
普遍反驳 ·· 23
2. 本研究的主题选择 ··· 26
3. 基于生产技术条件解释周期的理论 ··················· 29
4. 相对价格机制的基本功能被忽略 ······················ 31

5. 进一步研究价格对这些理论中假定的"数据"
　　　变化的反应方式 ································· 34
　　6. 参考储蓄和投资过程中出现的现象来解释
　　　波动的理论 ······································· 37
　　7. 心理学理论 ·· 40
　　8. 所有这些理论都假定了信贷的可变性 ············· 41
　　9. 货币与经济"数据"的其他变化之间的主要差异 ······ 44
　　10. 假设存在货币扰动，理论的第一个任务是检验
　　　　由这一假设推断出的与纯粹的均衡理论所设想的
　　　　系统的所有偏离 ································· 46

第三章　商业周期的货币理论 ······························ 49
　　1. 商业周期货币理论的主要任务 ····················· 49
　　2. 货币理论不应该从一般价格水平的变化开始 ······· 50
　　3. 关键要点是货币数量变化对生产结构的影响 ······· 52
　　4. 生产结构的变化从根本上独立于货币价值的变化 ··· 53
　　5. 对货币理论的大多数批评都是由于对这一观点的
　　　误解 ··· 57
　　6. 引起生产方向转变的个体价格关系的变化必是
　　　主要关注点 ······································· 60
　　7. 与货币价值变化无关的根本现象（如自然利率和
　　　货币利率之间的偏差） ····························· 64
　　8. 建议的方法的优点；货币理论和非货币理论之间
　　　调和的可能性 ····································· 66

第四章　周期性波动的根本原因 …………………… 69

1. 困难在于发现为什么"数据"的某些变化会导致系统偏离均衡 ………………………………………… 69
2. 外生和内生货币理论 ……………………………… 71
3. 从目前的观点来看，银行创造信贷是增加货币数量的三种可能途径中最重要的 ………………… 74
4. 困惑主要源于未能对单个银行的可能性和对作为整体的银行业体系的可能性进行区分 …………… 76
5. 新增信贷的实际来源 ……………………………… 79
6. 银行家任意创造信贷的可能性被排除了，因为在个别情况下，无法区分通过现金支付产生的存款和通过信贷产生的存款 ………………………… 83
7. 银行对信贷需求增长的反应 ……………………… 85
8. 信贷扩张的过程及其停止 ………………………… 88
9. 通货数量的弹性是周期性波动的充分原因 ……… 90
10. 从商业周期理论的角度分析货币影响的重要性 … 93
11. 政策影响 …………………………………………… 96

第五章　商业周期理论有待解决的问题 ……………… 100

1. 有效货币流通量的所有变化都必然涉及不同于能从静态理论命题直接演绎出来的变动 ……………… 100
2. 最重要的影响是通过货币利率结构的变换，从而提出了一系列重要的问题 ……………………… 103

3. 自然利率波动的意义 …………………………………… 104
4. 自然利率或均衡利率的概念 …………………………… 107
5. 均衡利率与实际（货币）利率之间的关系 ………… 109
6. 被迫储蓄是经济危机的一个原因 ……………………… 112
7. 货币市场和资本市场利率 ……………………………… 117
8. 统计研究的问题 ………………………………………… 119

索引 ……………………………………………………………… 125

序　言

经济学和其他所有知识领域一样，没有国界的限制。居住地的邻近可能使特定经济学家群体的思考带有某种一致性，良好的教学传统可能给特定研讨会的成果带来卓越的观念；在这个意义上，谈论当地的经济思想流派或给特定理论贴上地理标签并不愚蠢。但谈到经济学，其不同于经济学家的地域性，就国家或地区分类而言，区分诸如英国经济学和欧洲大陆经济学之类，就像谈论英国算术一样，没有更多的意义。评判科学正确性的标准不应考虑其起源，如果一位经济学家因为一套特定命题是外来的而拒绝利用它们，那么，他的行为就与遵循类似原则的化学家或物理学家的行为一样不科学。有人说得好，世界上只有两种经济学——好的经济学和坏的经济学。所有其他的分类都是误导。

不幸的是，比起自然科学工作者，经济学家更容易成为巴别塔诅咒（the curse of Babel）的受害者。化学家和物理学家——当他们讨论容易定义的事物之间的具体数量关系时——可以为某些目的和意图用一种国际语言进行对话。一种非常适度的语言工具足以使一个人了解这些科学分支的所有主要贡献。但在经济学领域，情况并非如此。它主要关注的是复杂的社会关系，这使得它们不太适合仅仅进行象征性的分析。毫无疑问，即使在这里，数学方法在辅助思考和确保完全精确性方面也能发挥相当大的作用。但是,在社会科学中,对这些符号所代表的内容的描述、概念的界定和解释,都需要大量的定性术语和精妙的表达,以充分利用任何语言资源。因此,不足为奇的是,时间有限、影响力有限的专业经济学家常常会断定:深度优于广度,更加集中深入地利用自己的语言所能获得的资源,可能比试图吸收只有通过外语才能利用的材料产生更多的成果。同样不足为奇的是,由于这些条件的影响,经济学中的重叠和重复浪费工作可能比任何其他科学知识领域都要多。据我所知,自然科学中,不可能出现这样的情况:一个人花费数年时间去发现的命题在他自己的语言领域之外是早已司空见惯的。众所周知,这种情况在经济学中经常发生。

因此,在经济学领域,甚至比其他任何领域更迫切需要一系列连续不断的译本,以便使不同国家的经济学家能了解用本国以外的语言发表的研究成果。在战前的英格兰,这种需要开始得到满足。潘塔莱奥尼(Pantaleoni)的布鲁斯(Bruce)译本,皮尔森(Pierson)的沃策尔(Wotzel)译本,E.V.庞巴维克(E.V.Böhm-Bawerk)的斯马特(Smart)译本,是高水平学术和卓越的文献作品的典范,这使我们接触到当代国外思想的最佳成就。但是,战争(打乱了许多美好的事物)中断了这一国际化进程,自从战争以来,这一进程还没有完全恢复。本系列出版物旨在弥补这一差距,向英美读者介绍近年来对经济科学发展做出贡献的主要外语著作。

关于本书的作者弗里德里希·A.哈耶克教授,不用赘述,他不久前还是奥地利经济研究所的主任，现在是伦敦大学的图克经济科学和统计学教授。哈耶克教授的《价格与生产》（Prices and Production），以及他在《经济学刊》（Economica）和《经济学杂志》（Economic Journal）上的各种文献，已经让大多数对货币和信用理论的最新发展感兴趣的英国读者熟悉了他。本册《货币理论与商业周期》是一本在奥地利先于《价格与生产》出版的著作的译本，它从更普遍的观点探讨商业波动问题。前言明确了这部著作与作者在同一领域的其他研究之间的确切关系。

莱昂内尔·罗宾斯
伦敦经济学院
1932年9月

前　言

这篇德语论文①（以下是译文）是为1928年9月在苏黎世举行的社会政策协会会议②准备的一篇论文的扩展版本③，以及对该会议的讨论做出的一些评论。虽然在修改译文时，我做了许多细微的修改和补充（主要限于脚注），但讨论的大致过程没有改变。因此，本书仍然表明了它写作的特定目的。如果把它呈现给与其初始面对的对象不同的公众，也许需要解释几句。

在德国，与英语国家的情况有所不同的是，人们对于商业周期的货币解释一贯持不信任的态度，或至少到最近态度还是如此。这项研究的目的之一就是：证明用货币的方法解决这些问题是正确的——英语读者可能会觉得我浪费了不必要的精力。但我希望这种对货币因素作用的更明确陈述不会被视为毫无用处，因

---

① 《货币理论与商业周期》（*Geldtheorie und Konjunkturtheorie*）[《经济研究文献》（*Beitrage zur Konjunkturforschung*），奥地利商业周期研究所出版，第1期]，维也纳，1929年。

② 《社会政策协会文集》（*Schriften des Vereins für Sozialpolitik*），第175卷，第369—374页，慕尼黑，1928年。

③ "关于货币理论与商业周期理论关系的一些意见"（"Einige Bemerkungen über das Verhältnis der Geldtheorie zur Konjunkturtheorie"），《社会政策协会文集》第173卷，第2部分，慕尼黑，1928年。

为它不但为货币方法提供了正当理由,也驳斥了一些被广泛接受的过于简单化的货币解释。为了挽救商业周期货币理论中的合理因素,我不得不特别驳斥某些理论,这些理论会使人们相信,通过稳定一般价格水平,所有扰动货币的因素都将被消除。虽然,自本书问世以来,这种观念在1929年的经济危机中受到了严重的动摇,但我希望对其基础进行系统的研究仍然是有用的。对"稳定论者"方案的批评,在许多方面是本书的中心主题——至今我在这上面花了多年时间,由于我在这里只讨论主要源于这些研究的一些特殊问题,或许可以允许我在下面参考其他出版物,在这些出版物中,我部分讨论了某些进一步的理论问题,部分试图利用这些思考来阐明当代现象。①特别是我的《价格与生产》最初在英国出版,应该被视为对本书的必要补充。虽然我在这里强调了引起周期性波动的货币因素,但在后来的著作中,我集中讨论了构成这些波动的实际生产结构的连续变化。在我看来,对本理论的这一重要补充似乎更为重要,由于实际经济的发展,过于简

---

① "20世纪20年代大萧条之后的美国货币政策"("Die Währungspolitik der Vereinigten Staaten seit der Überwindung der Krise von 1920"),《国民经济和社会政策杂志》(*Zeitschrift für Volkswirtschaft und Sozialpolitik*), N. F.,第五卷,1925年。"跨期价格均衡和货币价值变动"("Das intertemporale Gleichgewichtssystem der Preise und die Bewegungen des Geldwertes"),《世界经济档案》(*Weltwirtschaftliches Archiv*),第28卷,1928年。"储蓄的'悖论'"("The 'Paradox' of Saving"),《经济学刊》,第32期,1931年5月。《价格与生产》,伦敦,1931年。"J.M.凯恩斯先生的纯粹货币理论反思"("Reflections on the Pure Theory of Money of Mr.J.M.Keynes"),《经济学刊》,第33—35期,1931—1932年。"金本位制的命运"("Das Schicksal der Goldwährung"),《德国经济学家》(*Der Deutsche Volkswirt*),1932年。"资本消耗"("Kapitalaufzehrung"),《世界经济档案》,第36卷,1932年。

单化的货币解释近年来获得了不应有的显著地位。由于在我所有的英文著作中,我都有意避免将纯理论思考与对当前事件的讨论结合起来,因此,在这里增加一两条关于这些思考对当今问题的影响的评论或许是有益的。

一个奇怪的事实是,人们普遍不愿用货币因素来解释过去的繁荣,但这种情况很快就被一种更强烈的意愿所取代,即把我们目前的困境完全归咎于我们的货币组织当前的运作。同样是这些稳定论者,他们相信繁荣没有问题,相信因为价格没有上涨,繁荣可能会永远持续下去。而现在他们却认为,只要我们使用货币政策的武器来阻止价格下跌,一切都可以恢复正常。同样肤浅的观点认为,信贷扩张除了价格水平上升以外没有其他有害影响,而现在却认为,我们唯一的困难是由信贷紧缩引起的价格水平下降。

当然,毫无疑问,目前正在经历一个通货紧缩过程,而这种通缩无限期地持续下去将造成无法估量的危害。然而,这并不一定意味着通缩是我们面临困难的根源,也绝不意味着我们可以通过使更多货币进入流通,以减轻目前在我们经济体系中正在发生的通缩趋势,从而克服这些困难。我们没有理由认为这场危机是由货币管理当局有意采取的通缩行动引发的,也没有理由认为通缩本身绝不是次要现象——即由繁荣时期遗留下来的工业失调所引发的过程。然而,如果通缩不是工业无利可图的原因,而是工业无利可图的结果,那么,我们指望通过扭转通缩进程重获持久的繁荣无疑是徒劳的。中央银行,特别是美国的中央银行,完全没有采取通货紧缩政策,而比以往任何时候都更早、更广泛地采取了信贷扩张的政策来对抗经济萧条,结果是经济萧条持续的时间更长,而且比以往任何一次都更加严重。我们需要的是调整生产结构和价格结构中在通货紧缩开始之前就存在的一些因素,这些因素后来在通货紧缩开始之后使工业借贷无利可图。但是,过去三年中,一切可以想到的手段都被用来防止发生经济繁荣带来的失调,而不推进这种失调造成的不可避免的清算;而这些手段之一就是这种处心积虑的信贷扩张政策,尽管从萧条的最初阶段到最近阶段一直在反复尝试,但都没有成功。

1929年以前,现代经济体系的许多部分已经形成了被广泛讨论的刚性现象,无论如何,这种逐渐形成的刚性很可能使重新调整的过程变得更加缓慢和痛苦。同样可能的是,正是这些对再调整的阻力将造成一个严重的通货紧缩过程,最终将克服这些刚性。在价格和工资制度相对刚性的特定情况下,在多大程度上这种通货紧缩过程可能不仅是不可避免的,而甚至是达到所需结果的最快途径?这是一个非常困难的问题,根据我们目前的了解,我不敢对此做出任何明确的声明。

然而,似乎可以肯定的是,如果我们旨在消除通缩症状,同时(通过设置贸易壁垒和其他形式的国家干预)尽最大努力增加而不是减少根本性的失调,我们只会让事情变得更糟。不仅如此:退一步说,这种做法的好处可以说是不确定的,但它所带来的新危险却是巨大的。通过强制性信贷扩张来对抗萧条,就是试图用导致萧条的手段来消除这种危害;由于我们正在遭受生产方向的误导,而我们要制造进一步的误导,一旦信贷扩张结束,这一过程只会导致一场严重得多的危机。这并不是第一次进行这样的尝试。我们应该只是在更大的范围内重复1927年美联储系统所遵循的路线，美联储委员会唯一的经济学家，同时也是其最老的成员，A.C.米勒（A.C.Miller）先生恰当地将这个尝试描述为"美联储系统有史以来最大规模和最大胆的操作"，这个操作"导致了美联储或其他任何银行体系在过去75年中犯下的最昂贵的错误之一"。或许正是由于这种尝试，加上一旦危机爆发就试图阻止清算，我们才有了异常严重和持久的萧条。我们绝不能忘记，在过去的六年或八年里，世界各国的货币政策都遵循了稳定论者的建议。它们造成的伤害已经够大，现在应该是结束它们影响的时候了。

我们不能指望推翻这个诱人的简单理论，除非它的理论基础被明确驳斥，并有更好的理论取而代之。稳定方案的反对者仍然在努力——而且可能永远在努力——他们因为没有同样简单和明确的规则可以提出而处于不利地位；也许根本没有任何规则可以满足那些希望通过官方性行动消除一切危害的人的渴望。但是，无论我们对未来的希望是什么，我们现在必须痛苦地意识到——任何研究这些问题的经济学家都应让读者对这一事实留下深刻印象——我们试图通过审慎管理来对这种力量施加影响，而我们对该力量知之甚少；以至于如果我们知道得更多，我们是否会试图这样做仍然是一个悬而未决的问题。

弗里德里希·A.哈耶克
伦敦经济学院
1932年6月

第一章　商业周期问题

1. 经验观察与理论解释之间的关系

任何试图预测经济发展趋势，或者基于对现有条件的研究而采取措施来影响经济发展趋势的做法，都必须预先假定对经济现象的必然过程有相当明确的概念。实证研究，无论是为了这种实际目的而进行的，还是仅限于借助特殊的统计手段扩大我们对商业波动特定阶段的了解而进行的，充其量只能验证现有的理论；它们本身不能提供有关商业周期的原因和必然性研究的任何新见解。

A.洛维（A.Löwe）教授已经对这一观点进行了强有力的阐述。①他说："我们对经济周期的理论联系和循环结构的规则的洞察，根本没有通过描述性工作或相关性计算得到强化。"我们完全同意他的观点，他还说"期望通过增加实证而直接推进理论，是对理论和实证研究之间的逻辑关系的误解"。

原因很明显。统计中使用的感知手段与经济理论中使用的

---

① 在他的文章"商业周期理论是如何实现的？"（"Wie ist Konjunkturtheorie überhaupt möglich?"），《世界经济档案》，第24卷，1926年，第二部分，第166页。

感知手段不同，因此使前者确立的规则与后者阐述的经济法则结构相适应是不可能的。我们不能把构成均衡理论的基本命题系统融合起来，因为均衡理论是建立在不相关的逻辑基础上的商业周期理论。在周期性波动中观察到的所有现象，特别是价格形成及其对生产方向和产量的影响，都已经用均衡理论加以解释；通过基本相似的说明只能把它们整合为对经济事件总体的解释。商业周期理论本身只能解释价格如何被决定，并说明它们对生产和消费的影响，而这些现象的决定条件已经由基本理论给出。它的特殊任务产生于这样一个事实，即这些现象显示出实证观察到的变动，而均衡理论的方法对此的解释尚不充分。人们不必认为只有在对基本现象做出积极解释的同时才能找到成功的解决办法，但也完全不需进一步证明这种解决办法只能与解释某些商品的价格或用途是如何被决定的理论联系在一起，或只能通过这种理论手段才能找到。这不仅是因为我们缺乏符合这一条件的理论，以及被恰当描述为"均衡理论"①范畴之外的理论——这种理论的特征是以经济行为的逻辑为其起点；关键是统计方法根本不适合这一目的。正如没有统计研究能够证明需求的某种变化必然伴随着价格的某种变化一样，也没有统计方法能够解释为什么所有经济现象都呈现出我们在周期性波动中观察到的有规律的波浪形态。这只能通过扩展我们的推论所基于的假设来解释，可以推测出周

---

① 参考洛维："德国商业周期理论的现状"（"Der gegenwärtige Stand der Konjunkturtheorie in Deutschland"），《战后经济学，卢乔·布伦塔诺80岁寿辰纪念文集》（*Die Wirtschaftswissenschaft nach dem Kriege, Festgabe für Lujo Brentano zum 80. Geburtstag*），第二卷，第360页。

期性波动这一必然结果,正如可以从均衡理论的较狭义的假设中推测出价格理论的一般命题一样。

但是,即使是这些新的假设也不能通过统计研究来证实。与演绎推理不同,统计方法不能在根本上确定既定经济关系仍然适用的条件;同样,它们所涉及的对象不能像理论那样被明确地确定。经实证证实的各种经济现象之间的关系在理论上的问题继续存在,直到它们之间相互联系的必要性能够被证明是独立于任何统计证据的。① 基于这种解释的概念将与那些证明统计关联的概念大不相同;它们可以独立地实现。此外,确凿的统计证据本身并不能证明其正确性。先验地(由因及果/演绎推理),除了新问题迹象所带来的刺激之外,我们无法从统计数据中获取更多信息。

因此,虽然商业周期理论可以作为统计研究的基础,但统计研究本身永远无法证实商业周期理论,在强调这一事实的同时,绝不应贬低实证方法的价值。相反,毫无疑问,商业周期理论只有通过对其所描述的现象的实际过程进行精准度量才能获得充分的实践意义。但是,在我们能够考察统计对于理论的真正重要性

---

① 参见 E.阿尔特舒尔(E.Altschul)在其著名的论文"商业周期理论和统计"("Konjunkturtheorie und Konjunkturstatistik")《社会科学与社会政策文库》(*Archiv für Sozialwissenschaft und Sozialpolitik*)(第55卷,图宾根,1926年)中给出的出色分析。阿尔特舒尔值得被特别赞扬,作为一个统计学家,他认识到统计方法的局限性,他写道(第85页):"特别是在经济学中,关于某种现象的重要性的最终决定绝不能留给数学和统计分析。研究的主要方法必然在于通过理论上获得的知识。"也可参见 A.C.庇古(A.C.Pigou),《工业波动》(*Industrial Fluctuations*),第2版(伦敦,1929年),第37页,"某一特定系列的变化与工业波动之间缺乏统计学上的相关性,这本身并不能被证明是错的,而且相关性的存在也不能证明这些变化是波动的原因。"

这一问题之前，必须清楚地认识到，统计数据的使用永远不可能深化我们的理论洞察力。

2. 统计在理论验证中的应用

即使作为一种验证手段，对周期进行统计检验对商业周期理论的价值也是非常有限的。对于后者——就像任何其他经济理论一样——只有两个标准可以评判其正确性。首先，它必须从理论体系的基本概念中以无可辩驳的逻辑推演出来；其次，它必须用一种纯粹的推演方法来解释我们在真实周期中观察到的那些具有其自身特性的现象。[①]如果存在逻辑上的不足，或者它解释的现象与观察到的事实不符，那么这样的理论只能是"错误的"。然而，如果这一理论在逻辑上是合理的，对于作为经济活动一般条件的必然结果的既有现象，它能够做出解释，那么统计研究的最好结果就是，表明仍然存在一些无法解释的残留过程。它永远无法证明测定的关系与理论所认为的关系具有不同的性质。[②]

---

① 洛维教授在他的报告"论货币因素对商业周期的影响"("Über den Einfluss monetärer Faktoren auf den Konjunkturzyklus"),《社会政策协会文集》(第173卷，第二部分，第357页)几乎用同样的话表达了他的观点。上述句子首次出现在同一卷的另一篇文章中。

② 参见E.卡雷尔（E.Carell）的近期著作《社会经济理论和商业周期问题》(Sozialökonomische Theorie und Konjunkturproblem)(慕尼黑和莱比锡，1929年)中关于"缺乏现实的论证"(Argument der Wirklichkeitswidrigkeit)的相关分析，这是一个非常有洞察力的方法论论证。他反对洛维的论点（尽管他的分析仍然是我自己工作的基础），即将周期性现象纳入与之明显矛盾的经济均衡理论体系，是商业周期理论的核心问题。

例如，通过统计研究可以表明，价格普遍上涨之后是生产扩张，价格普遍下跌之后是生产收缩；但这并不一定意味着理论应该把价格变动视为生产变动的一个独立原因。只要一种理论能够以任何其他方式解释这种伴随现象的有规则出现，即使它坚持认为这两种现象之间的联系具有完全相反的性质，统计也无法推翻这种理论。① 因此，统计只能在消极意义上验证理论。统计要么可以证明有些现象是理论不能充分解释的，要么可以证明理论不能发现这些现象。不能指望它能从积极的意义上证明这个理论。上文所述完全排除了这种可能性，因为它预先假定了必要的相互联系的论断，而这些是统计无法做到的。因此，没有理由感到惊讶，尽管几乎所有现代商业周期理论都使用统计材料作为佐证，但只有在某一特定理论未能解释所有观察到的现象时，这种统计证据才能用来判断其价值。

3. 统计的任务是提供属于理论范畴的 事件的相关准确信息

因此，经济统计不是通过丰富或检验理论分析而体现其真正重要性的。它体现在其他方面。统计的真正任务是向我们提供属于理论范围内的事件的相关准确信息，从而使我们不仅能够将两

---

① 正确的理论主张与经验之间存在明显矛盾的一个众所周知的例子是利率水平与价格变动之间的联系。参考K.维克塞尔（K.Wicksell），《国民经济学讲义》（*Vorlesungen*），第2卷，"货币与信贷"（"Geld und Kredit"），耶拿，1922年。另请参阅我的文章"跨期价格均衡和货币价值变动"（《世界经济档案》，第28卷，耶拿，1928年，第63及以下诸页）。

个连续的事件的联系看成因果关系，后验地（由果及因/归纳推理），而且能够完全把握现有的条件，从而使预测未来并最终采取适当的行动成为可能。只有通过这种预测系统运行的可能性，理论才具有实际重要性。① 例如，一种理论可能使我们能够从一定的价格和数量的相对变动中推断出其即将发生的变动方面的改变，但如果我们不能确定有关现象的实际变动，这种理论就没有什么用处。关于对商业周期有重要影响的某些现象，我们有自己的独特的观点。我们可以从一般的洞察中推断出大多数人在某些条件下的行为，因此，除大众在某一特定时刻的实际行为之外，理论结论所必须适用的条件，只能通过运用复杂的统计方法来确定。当一种现象受到部分已知环境如季节变化的影响时，情况尤其如此。这就需要进行非常复杂的统计研究，以确定这些表明理

---

① 应该指出，预测绝不是一个新概念，尽管人们往往认为它是新概念。每一种经济理论，实际上所有任何类型的理论，都专门旨在预测某一特定情况、事件或措施的必然后果。根据商业周期理论的主题，理想的情况是，它应该产生一个综合预测，显示在特定条件下由特定情况产生的总体发展情况。在实践中，这种预测是以一种过于无条件的形式进行的，而且是在一种不可接受的过于简单的基础上进行的；因此，今天对未来经济趋势做出科学判断的可能性本身似乎就存在问题，谨慎的思想家往往会无视这种预测的任何企图。与这种观点相反，我们必须非常坚决地强调，这一领域的统计研究毫无意义，除非它能够引发预测，无论这种预测可能受到什么条件的限制。特别是，任何旨在缓解商业周期（和必须以统计研究为基础）的措施都必须根据某些假设来设想，即在没有这种措施的情况下预计未来的趋势。因此，统计研究只能为现有理论原则的应用提供基础。O.莫根施特恩（O.Morgenstern）博士最近断然否认［《经济预测，先决条件与可能性研究》（*Wirtschaftsprognose, Untersuchung ihrer Voraussetzungen und Möglichkeiten*），维也纳，1928年］预测的可能性，似乎只是因为他对预测的要求超过了合理范围。即使是预报冰雹的能力也不会毫无用处——相反，如果能够通过向云层发射火箭来避免后者，那么这种能力就非常有价值了！

论结论适用性的情况是否真的起作用。统计分析常常可以发现尚未得到理论解释的现象，因此需要扩展理论推测或寻找新的决定条件。但是，如果要作为预测未来的基础，在任何情况下对这种已发现的现象的解释都必须使用统计上观察到的规律以外的方法；所观察到的现象必须从理论体系中推导出来，而不能依靠经验探究。

统计研究对已有理论解释的依赖几乎是不言而喻的。这不仅在其结果的实际利用方面是适用的，而且在其运作过程中也是如此，在选择和界定要研究的现象时必须寻求理论的指导。因此，一再声称应在不带任何理论偏见的情况下对商业周期进行统计检验的论断，总是基于自欺欺人。[1]

---

[1] C.J.布洛克（C.J.Bullock）教授是哈佛大学经济服务中心（Harvard Economic Service, 现为哈佛经济学会）的负责人，他经常强调，该研究所的工作完全没有理论上的先入为主。尽管这种信念毫无疑问是真诚的，但是，当人们读到布洛克教授的首席合作者、著名的哈佛晴雨表的发明者W.M.帕森斯（W.M.Persons）先生给出的以下描述时，可能会怀疑它的真实性。在这里，他试图对后者做出如下流行的解释："根据我们的统计分析，商业周期围绕着短期利率、投机和商业进行波动。我们可能认为利率变化与信贷储备池中的银行准备金数量成反比。这个信贷储备池的供应管道的流量取决于黄金进口量、黄金产量和纸币数量。这种信贷储备池有两个出口：一个出口管道为证券投机提供信贷，另一个出口管道为企业提供信贷。当信贷储备池中的信贷水平很高，或许企业渠道部分堵塞时，资金就开始流入投机活动。然而，当这种流动持续一段时间后，流入企业的资金增加，储备池中的信贷水平就会下降。提高利率和直接对投机的差别对待及有利于企业的措施阻碍了资金流入投机市场。因此，流向投机的出口变得阻塞，但是流入企业的资金仍在继续。在达到银行家认为资金继续流出存在危险的水平之前，信贷储备池的水平会继续下降。然后，我们就会停止进一步的信贷扩张，或者用我们的例子来说明，将这两个管道都堵塞一段时间，使供应再次充满储备池，银行准备金就会恢复到正常水平。"["一般商业状况指数的非技术性解释"（"A non-technical explanation of the index of general business conditions"），《经济统计评论》（*The Review of Economic Statistics*），第2卷，剑桥，1920年，第47页］。

39　　总体来看，可以毫不夸张地说，统计研究的实际价值主要取决于其所依据的理论观念的可靠性。决定商业周期的最重要问题的仍然是理论任务，而近年来在统计研究上如此随意地花费金钱和劳动能否取得预期的成功作为回报，主要取决于"理论认识的发展是否跟得上对事实的探索"。因为我们绝不能自欺欺人：我
40 们现在不仅缺乏一种被经济学家普遍接受的理论，而且甚至还没有一种理论能够以一种无可挑剔的方式呈现出来，能够以一种详细的方式创立出来，并最终得到接受。尽管已经建立了一系列重要的联系，并阐述了一些最重要的原则，但还没有人利用其中的一项原则以令人满意的方式将所有已知的现象纳入现有系统中，实施创造一个完整的理论的决定性步骤。当然，认识到这一点并不妨碍我们从事经济研究或制定经济政策；但我们必须时刻记住，我们是在某些理论假设的基础上行事，而这些假设的正确性尚未得到令人满意的证实。"实践者"习惯于根据他自己没有意识到的理论行事；在大多数情况下，这意味着他的理论是错误的。另一方面，有意识地运用一种理论，总会产生一些旨在廓清它所假设的相互关系的新尝试，并使它与理论假设和谐一致，也就是说，它会导致对理论本身的追寻。

41　4.商业周期理论的主要分类是货币理论和非货币理论间的分类

　　商业预测的价值取决于正确的理论观念，因此，在这个领域，目前最重要的任务莫过于弥合货币理论与非货币理论之间的

第一章 商业周期问题

鸿沟。① 这种鸿沟导致了前沿经济学家的意见分歧，同时也是德国和美国（商业预测的起源地）商业周期理论分歧的特征线。由于货币理论的特殊地位，在我看来，对这两种主要类别之间关系的分析特别重要。很大程度上，由于德国一些著名的货币理论倡导者的过错，货币解释变得不可信，而且它们的本质也被严重误解；另一方面，人们普遍对任何商业周期经济理论的可能性持怀疑态度——其主要原因是对货币解释的反对——这种怀疑态度可能严重阻碍理论研究的发展。②

以实证确定的各种生产部门均衡扰动为出发点的所有商业周期理论都有一个固有的根本困难。之所以出现这种困难，是因为在阐述这种扰动的影响时，它们必须利用均衡理论的逻辑。③ 然而，真正遵循这一逻辑，只能证明这种均衡扰动仅仅来自外

---

① 自本书德文版出版以来，我越来越不相信货币和非货币解释之间的差异是各种商业周期理论之间**最重要的**分歧点。一方面，在我看来，在货币类解释的范畴内，一些理论家认为货币价值变动的表面现象是周期性波动的决定性因素；而另一些理论家则强调，货币因素给生产结构带来的实际变化。这两者之间的差异，远远大于后者与如 A.斯皮特霍夫（A.Spiethoff）教授和 G.卡塞尔（G.Cassel）教授等所谓非货币理论家之间的差异。另一方面，在我看来，这些从资本匮乏中去寻找危机根源的解释与所谓的"消费不足"理论之间的区别，在理论上和实践中，都比货币理论解释与非货币理论解释之间的区别更具深远意义。

② 参见上述提到的洛维在《世界经济档案》中的文章。

③ 通过"均衡理论"（equilibrium theory），我们在这里主要理解了所有经济数量的一般相互依赖性的现代理论，理论经济学洛桑学派（the Lausanne School of theoretical economics）已经最完美地表达了这一理论。这一理论的重要基本概念包含在詹姆斯·密尔（James Mill）和 J.B.萨伊（J.B.Say）的《销售理论》（*Théorie des Débouchés*）中。参考 L.米克施（L.Miksch），《是否存在普遍的生产过剩？》（*Gibt es eine allgemeine Uberproduktion?*），耶拿，1929年。

部——例如，它们呈现经济数据的变化——而且经济体系总是通过其众所周知的适应方法，即通过形成新的均衡，对这种变化做出反应。某些生产部门的特定扩张趋势（无论如何被貌似合理证明）以及需求、分配或生产的偶然变化，都无法在该理论体系框架内充分地解释为何会出现普遍的供需失衡。因为静态理论的基本解释方法是假设价格提供了一个供给和需求的自动均衡机制，该解释方法同时也是解释特定价格变动不可或缺的假设。

下一部分将更详细地讨论这些困难，在此仅做提示。目前，我们只需要提请注意这样一个事实，即我们面前的问题不能通过在均衡理论的框架内检验某种原因的影响，并以均衡理论的方法来解决。任何将其本身局限于用基本理论方法来对实证观察到的相互联系进行解释的理论都必然包含自相矛盾。因为商业周期理论的目的不在于使静态理论的调整机制适应特殊情况；这种解释方案本身必须加以扩展，以解释供求之间的这种差异是如何产生的。（在我看来）摆脱这种困境的显而易见的、唯一可能的办法，就是解释静态理论所描述的事件过程（静态理论只允许趋于均衡方向的运行，其通过直接对比财货的供给和需求推断出来）与事件的实际过程之间的差异，因为随着货币的引入（或严格地说是间接交换的引入），即引入了一个新的决定性因素。作为一种物品的货币，不同于其他任何物品，它最终不能满足需求，货币的引入消除了"封闭的"均衡体系僵化的相互依存和自给自足的状态，并使那些被排除在后者之外的变动成为可能。这里有一个起点，其满足了任何令人满意的商业周期理论的基本条件。它以一种纯粹的演绎方式显示了——在经济"数据"没有改变的情况下——运转必然不能在任何给定的时刻趋于无期限持续下去。恰恰相反，它表明这些变动导致系统的某些部分之间的"比例失调"，以至于给定的情况不能持续下去。

然而，尽管让经济学家开始从货币角度寻找周期性波动的解释似乎是一种合理的本能，但货币理论的片面发展似乎也阻碍了人们找到圆满的解决方案。商业周期的货币理论成功地凸现了正确的问题，并在许多情况下为解决这些问题做出了重要贡献；但是，其尚未提出无懈可击的解决办法，原因似乎在于，商业周期的货币理论的所有支持者都只是或主要是在货币价值变化的表面现象中寻求解释，而未能追寻货币进入经济体系的过程所产生的甚为深远和根本的影响，而这种影响不同于货币对一般价格的影响。他们也没有继续研究货币经济和静态理论所假设的纯易货经济之间根本差异的影响。①

5. 论述目的

当然，消除商业周期货币理论的所有缺陷和不足，或者发展出一个完整的、无懈可击的理论，都不是本书的重点。在本书中，我只会试图说明货币起点理论的一般意义，并通过证明某些货币理论的某些缺陷并不一定遵循货币方法来驳斥对货币解释提出的最重要的反对意见。因此，我们所需要的一切，首先是以一

---

① W.罗普克（W.Röpke）也表达了类似的观点，"信贷与经济"（"Kredit und Konjunktur"），《国民经济与统计年鉴》（*Jahrbücher für Nationalökonomie und Statistik*），第3系列，第69卷，第264及以下诸页。

些最著名的非货币理论为例,证明这些理论所引用的"真实"解释本身并不足以建立一个完整和一致的理论;其次是证明现有的货币理论包含了一个正确解释的萌芽,而所有这些理论都或多或少地受到这样一个问题的影响:把所有周期性波动弱化为货币价值波动导致了问题过于简单化;最后,货币作为起点使我们实际上可能演绎地证明,在现行货币制度下,甚至在几乎任何可以想象的其他制度下,波动是不可避免的。这将特别表明,维克塞尔-米塞斯关于"自然"利率和货币利率之间差异效应的理论,已经包含了最重要的解释要素。只有不再直接涉及纯粹虚构的"一般货币价值"(正如米塞斯教授已经在一定程度上做到的那样),才能形成商业周期理论的基础,这足以对商业周期中的所有要素进行演绎性的解释。

第二章　商业周期的非货币理论

1. 由于缺乏适当的分类，很难对这些理论进行普遍反驳

对于商业周期的非货币理论不可避免地存在根本性缺陷这一论断，要在一篇文章内尝试对其进行一般性证明似乎都面临着一个不可逾越的障碍，原因正是这些理论的多样性。如果为此我们有必要证明，作为商业周期理论基础的众多不均衡力量实际上各个都不存在，那么我们证明成功的条件确实不可能实现；因为对所有现存的理论进行论证几乎是不可能的，而且也不可能得出结论性的答案，我们将来还必须论证一大批新的、迄今为止没被反驳过的理论。此外，很难否认各种商业周期理论所阐述的大多数相互联系是存在的，我们的任务是将它们协调在一个统一的逻辑结构中，而不是发展出全新的和不同的思路。各种非货币理论中所强调的个体相互联系实质上是正确的，事实上，我们完全没有必要质疑这一点来证明各理论提供的理由不充分。正如第一章已经指出的那样，所解释的经济事件过程与须用来解释该过程的理论体系的根本思想之间的矛盾，还没有一个理论能够解决。因

此，通过考察一些最著名的理论，就足以表明，它们并不能解决这一根本问题；也永远不能通过各理论目前的方法及参照它们现在认为与商业周期理论有关的情况来解决它。然而，当从不同的角度——即参考货币环境来回答这个问题时，则可以看出，不同理论所举出的论证要素失去了其独立的重要性，而沦落到从属地位，即成为货币因素的必然结果。

为此，选择商业周期理论的主要类型是相当困难的，因为我们对理论没有令人满意的分类。帕森斯[①]先生、W.C.米切尔（W.C.Mitchell）[②]教授和 A.H.汉森（A.H.Hansen）[③]先生对这种分类的最新尝试表明，通常的划分都是基于外部特征，几乎没有触及根本问题的解决方案，这为任意决定提供了太大的空间。正如洛维教授[④]适当强调的那样（正如上文所述，这点应该是显而易见的），根据这些理论对静态理论所提出的经济事件"正常过程"的缺失的解释方法对它们进行分类，是唯一真正无可争议的。事实上，各种各样的理论——我们稍后希望对它们进行说明——并没有尝试去做到这一点。因此，由于没有一种分类可以满足我们的目的，我们的选择必然或多或少具有任意性；但

[①] "商业波动理论"（"Theories of Business Fluctuations"）[《经济学季刊》（*Quarterly Journal of Economics*），第41卷，第923页]。

[②] 《商业周期：问题及其背景》（*Business Cycles: The Problem and its Setting*）（纽约，1927年）。

[③] 《商业周期理论：发展和现状》（*Business Cycle Theory: Its Development and Present Status*）（波士顿，1927年）。

[④] 参见《商业周期理论的现状》（*Der Gegenwärtige Stand der Konjunkturforschung*），第359及以下诸页。

第二章　商业周期的非货币理论

是，通过选择一些最著名的理论，并举例说明我们的反驳意见特别适用的一个思路，我们应该就能够充分清楚地说明该思路的普遍正确性。今天，不同的理论之间至少在一点上确实存在着影响深远的共识，这一现实情况使这项任务变得更加容易。它们都认为，首先要解释的是不同生产部门之间的不均衡，特别是资本品（capital goods）的过度生产。理论的发展确实应归功于统计学研究，因为到今天，对于需要解释的问题至少没有实质性的分歧。

然而，这里有一点需要强调。现代习惯超越实际危机并试图对整个周期进行解释，本质上存在着对关键问题越来越不重视的危险。特别是，试图给理论对象一个尽可能中性的名称（如"工业波动"或"工业周期性运动"），可能会使真正的理论问题的重要性比其在旧的危机理论中降低。经济发展速度并不是很均匀，而是相对快速变化的时期与相对停滞的时期交替出现，这一简单的事实本身并不构成问题。经济体系对数据的不规则变化所做的调整足以说明这一点——我们总得接受数据不规则变化，而经济学对其无法进一步解释。经济理论面临的真正问题是：为什么这种调整不是平稳而持续地发生，就像每次数据变化后形成新的均衡一样？为什么会存在可能导致偏离均衡的短暂发展，最终在数据没有任何变化的情况下，导致经济趋势发生变化成为必然？周期上升趋势和在繁荣顶点终结的现象之所以成为一个问题，只是因为它们不可避免地会带来销售的锐减——即经济活动的下降——而这种下降并不是由原始的经济数据的任何相应变化引起的。

2. 本研究的主题选择

当前盛行的各种不均衡理论有一个方面的意见是一致的。它们都认为经济衰退的原因事实上在于，在经济繁荣时期，由于各种原因，生产设备的扩张超过了相应的消费流所能保证的程度；最终出现了制成的消费品（consumption goods）的短缺，从而导致这类商品的价格相对于生产品（production goods）的价格上涨（这相当于利率上升），因此，使用扩大规模的生产设备，或在许多情况下甚至完善这种生产设备都是无利可图的。目前，几乎没有一种公认的理论不提出这种观点，我们目前只是略加描述，[①]这种观点在其讨论中有决定性的地位，因此，我们最好从观察各种理论试图如何解释所讨论的现象开始。除了我们稍后要说明的货币理论之外——货币理论只有解释了这种现象才能被认为是站得住脚的——还有两类解释可以完全忽略。首先，那些试图通过对某些外部环境中相应的周期性变化来解释周期性波动的理论，仅仅使用毫无疑问的均衡理论方法来解释由此产生的经济现象，研究这些理论并没有什么收获。判断这些理论的正确性超出了经济学的能力范围。其次，就目前而言，一些理论的论点完全依赖于货币变化假设，以致当货币变化被排除时，就不会留下任何系统性的解释，最好把这种理论也排除在考虑之外。此类别包括 J. 熊

---

① 参见下文，原书第212及以下诸页，特别是第217页。

彼特（J.Schumpeter）①教授、E.莱德雷尔（E.Lederer）②教授、卡塞尔③教授，以及米切尔教授和 J.莱斯库雷（J.Lescure）④教授的理论。关于这一类别，我们将不得不在以后考虑，在解释其他现象的相同基础上，理论上多大程度允许将这些货币的相互联系视为决定条件。

当然，在这一点上，我们不可能深入研究所有类型的理论的特点，就像它们各自的作者所做的那样。我们必须忽略各种解释呈现的形式，而只考虑以许多不同形式反复出现的某些基本类型的理论。这种对当代理论的讨论必然不能充分公正地体现每一种理论的知识价值，这是不可避免的；但本章的目的是为了表明商业周期的所有非货币理论面临的根本反对意见——这种略显草率和不完美的讨论可能足以达到目的。

可以这样开始我们的论证：我们在这里必须讨论的所有形式的不均衡理论都是基于存在着相当不规则的"经济数据"波动（即经济体系的外部决定环境，包括人的需求和能力）。从这一假设出发，它试图以这样或那样的方式解释，在由这些变化引起

---

① 《经济发展理论》(Theorie der wirtschaftlichen Entwicklung)，第二版，米肯和莱比锡，1926年。

② "经济与危机"("Konjunktur und Krisen")，《社会经济学概要》(Grundriss der Sozialökonomik)第四部分第1节，图宾根，1926年；以及"危机形态"("Zur Morphologie der Krisen")，《当代经济理论》(Die Wirtschaftstheorie der Gegenwart)，H.迈尔（H.Mayer）编辑，第四卷，维也纳，1928年。

③ 《社会经济理论》(Theory of Social Economy)。

④ 《生产过剩的普遍性和周期性危机》(Des crises générales et périodiques de surproduction)，巴黎，1913年；以及"危机理论"("Krisenlehre")，《当代经济学理论》，迈尔，第四卷，维也纳，1928年。

的消费波动或经济体系中的某些其他因素的波动之后，随之而来的是生产品生产的相对较大的变化。① 制造生产品行业的这种巨大波动造成了它们与消费行业之间的不均衡，以至于有必要扭转这种趋势。因此，必须解释的并不是资本品生产波动的简单事实（这在经济增长过程中当然是不可避免的）。真正的问题是，由于经济体系其他部分不可避免的和不规则的波动，资本品行业出现了过度波动，以及由此产生的这两个主要生产部门的不均衡发展。我们可以对三种主要的非货币理论加以区分，来论证所述波动对资本品行业的放大效应。目前最常见的论证试图表明，由于生产技术的原因，对消费品的需求增加，无论是预期的还是实际的，往往会导致较高阶物品的生产相对较大的增加，无论是普遍的增加还是某些物品群组的增加。同样受到普遍认同的、只是表象不同的解释是，试图从储蓄和投资领域出现的特殊情况（其符合非货币性质）中得出这些放大的波动。最后，我们必须提到的第三种理论是某些心理学理论，但是，这些理论大部分并不自成为独立的论证，它们只是加强了其他论点，并且与其他两种主要类型一样，都面临着同样的反对意见。

---

① 这里应当指出的是，经济数据初始变化的假设本身对于解释周期性波动的适当方法没有提供任何启示，但任何一个商业周期理论都不能摒弃这种假设。对商业周期理论来说，这不是需要重新调整的均衡扰动的发生；事实上，这种调整是在一系列的变动发生之后才出现的，而这些变动不能被视为是所使用的经济均衡理论意义上的"调整"。"无论这种现象是什么，只有当解释了它为什么没有引发一个持续的均衡过程时，才能把它弄清楚"（熊彼特教授，《经济发展理论》，第二版，慕尼黑和莱比锡，1926）。这些数据的变化只有在能够表明商业周期的连续阶段受到一系列此类变化的制约，并且以某种顺序相继发生的情况下，才能作为一种完整的解释。

3. 基于生产技术条件解释周期的理论

我们将只提及我们对第一种理论的反驳意见中最重要的一点，从这一视角，这种反驳意见最容易讨论。这是许多经济学家普遍认同的，几乎不必提及具体的代表人物。从演绎的角度解释资本品生产的过度波动，最简单的方法是参考在现代条件下，为准备使生产过程得以扩展的固定资本品所必需的长期时间。① 根据人们普遍持有的观点，无论是由于需求的增加还是由于生产成本的下降，这种情况本身就足以使消费品销售的每一次增长都能够使中间品（intermediary goods）的生产出现超过比例的增长。这可以解释为，要么是由于单个生产者对竞争对手的所作所为一无所知，要么是由于在生产的更高阶段，消费品销售的每一次变化都产生了"累积效应"——这在美国的著作中很常见。由于某些情况——我们稍后再对此作论证，所有这些种类的论证的主要观点是，按照目前的生产技术，从生产过程开始到最终产品进入市场之间的这一漫长的时期，阻碍了通过价格的作用逐步调整生产以适应需求的变化及可能，并使市场不时出现过多的供应。这一观点得到了另一种观点的支持，但是，后一种观点可以独立地、更广泛地应用；也就是说，需求的每一次变化，从它出现的

---

① 参见 A. 阿夫塔利翁（A.Aftalion）:《生产过剩的周期性危机》（*Les crises périodiques de surproduction*），巴黎，1913年，第2—6册，第3—8章。以及 D. H. 罗伯逊（D.H.Robertson），《工业波动》，伦敦，1915年，第14页。

那一刻起,就在从最低阶到最高阶的所有生产阶段中累积传递。之所以产生这种累积效应,是因为在每个阶段,除了与需求的实际变化相适应的变化之外,还有一种变化是根据市场条件的变化对存货和生产设备进行调整而产生的。①对消费品需求的增加不仅会引起对较高阶物品需求的成比例增加,对高阶物品需求的增加还会因为要将现有存货增加一定数量、按比例提高到相应水平而增加,最后还会因为生产新的生产资料的需求超过对生产资料保持现状的需求而进一步增加。(例如,一家工厂通常每年更新其机器的10%,在某一特定年份里,按该比例对机器进行常规更新,就会导致机器产量增加100%——也就是说,消费品需求的增加会导致生产品的生产增加10倍)这种观点不仅对生产品行业相对较大波动提出了充分理由,而且也是它们在繁荣时期过度扩张的充分理由。同样,在现代经济中,也常常将其归咎于耐久资本设备(durable capital equipment)的广泛使用。②使用重型设备的行业在繁荣时期容易过度扩张,因为这种设备不可能小幅度增加;通过突然的拉动,必然产生扩张。另一方面,一旦新设备投入使用,生产量对总成本影响不大,即使根本不生产,总成本也会继续存在。然而,尽管新发明和新需求常常被列为资本品行业的加速和过度增长的原因,却不能在同一基础上加以讨论。它们仅仅代表了上面描述的累积过程可能产生的许多可能原因中的一

---

① 参见 T.N. 卡弗(T.N.Carver),《经济学季刊》,1903—1904,第492页;阿夫塔利翁,《政治经济学杂志》(*Journal d'Economie Politique*),1909年,第215及以下诸页;米切尔,《商业周期:问题及其背景》;罗伯逊,《工业波动》,第122及以下诸页。

② 参见罗伯逊,《工业波动》,第31及以下诸页。

组特殊原因。

4. 相对价格机制的基本功能被忽略

几乎毫无疑问，所有这些相互联系，以及在各种商业周期理论中占有突出地位的许多其他相互联系确实存在，而且这些相互联系同样倾向于扰动经济均衡；任何声称能够得到完整结论的商业周期理论都必须将这些联系纳入考虑范围。但它们都没有解决真正的难点，即：为什么趋向于恢复均衡的力量会暂时失效，为什么它们只是在为时已晚的时候才再次发挥作用？各种理论都试图通过进一步的、通常是默认的假设来解释这种现象，这种假设是这些理论的倡导者之一——C.O.哈迪（C.O.Hardy）先生[①]提出的，且是倡导者们的共同观点，在我看来，通过这种假设，他极清楚地指出了这些理论的根本弱点。他指出，所有基于现代技术条件下的生产周期（production-period）长度的理论都一致认为，这些条件是生产者难以根据市场状况调整生产的一个根源；他们必须为未来的一段时期进行生产，而未来时期市场的可能性对他们来说必然是未知的。然后他强调，一般而言，价格机制的任务是根据需求调整供给；然而，他认为，如果从生产到产品进入市场需要一段很长的时间，这种机制就是不完善的，因为"价格和

[①] 《风险与风险承担》（*Risk and Risk Bearing*），芝加哥大学出版社，1923年，第72页。也可参见哈迪先生在该书第二版（1931年）中对上述批评的答复（第94页），然而，这似乎并没有解决根本性的难题。

订单提供的信息是关于预期的需求状况,而不是已知的当前和未来的供给状况,而对它们本身可能引起供给的变化,并没有任何提示。"①他试图说明周期性的生产过剩和生产不足可能是由于需求的增加而导致的,而需求的增加是增加生产的动力。在这里,他明确地陈述了别人默认的假设,因此他的阐述完全暴露了所有这些论点的问题本质。因为他认为,在自由竞争下,越来越多的人试图从有利的形势中获利,所有人都忽视了彼此的准备工作,并且"没有任何力量来干预抑制生产的持续增长,直到它反映在订单减少和价格下降中"。②在这一陈述中(根据这一陈述,价格机制只有在产品进入市场时才起作用,而在此之前,生产商只能根据估计的总需求量来调节其生产规模),清楚地揭示了在所有这些理论中反复出现的基本错误。产生该基本错误是由于误解了企业家调整行为的考量及误解了价格机制的重要意义。

如果企业家真的必须依靠他对产品总需求数量增长的知识来做决策,如果经济活动的成功真的总是依赖这种知识,那么,不需要非常复杂的情况就能对供求关系产生持续扰动。但是,资本主义经济中的企业家并不像许多经济学家认为的那样,与社会主义经济指令者(dictator)处于同样的境地。这种观点的倡导者似乎忽视了这样一个事实,即指导生产的通常不是根据对总需求的实际规模的任何了解,而是根据在市场上获得的价格。在现代交

---

① 《风险与风险承担》(*Risk and Risk Bearing*),芝加哥大学出版社,1923年,第73页。

② 同上(着重号标注部分)。

换经济中,企业家不是为了满足某种需求而生产——即使有时这么说——而是基于对盈利能力的计算;而正是这种计算才能使供给与需求平衡。在给定的情况下,他一点也不关心总需求的变化;他只关心在该变化发生后他可以期望得到的价格。之前所讨论的理论都不能解释为什么这些预期通常被证实是错误的。(从错误的预期引起的生产过剩,从而导致价格下跌这一事实来推演他们的错误,将只是一个循环论证)也不能用任何其他方法在理论上得出这样的概括。至少在很长一段时间里,由于货币的扰动的影响没有发挥作用,我们不得不假设,企业家预期由于需求变化或生产条件变化所产生的价格,差不多会与均衡价格一致。对于企业家来说,根据他对生产条件和市场的了解,通常能估算出变化发生后的主导价格,这不同于其对总需求数量变化的估计。关于产品的这一预期价格,我们只能说,低于均衡价格的可能性与高于均衡价格的可能性是一样大的,而且平均而言,它应该差不多与均衡价格一致,因为没有理由假定只会向一个方向发生偏离。但是这个预期价格只代表了生产规模(即产量)的一个决定因素。另一个同样重要但却常常被忽视的因素是,生产商必须为原材料、劳动力、工具和借贷资本支付的价格——也就是他的成本。这些价格因素共同决定了在竞争条件下经营的所有生产商的生产规模;生产商关于其生产的决策不仅必须以其产品价格预期的变化为指导,而且还必须以其成本的变化为指导。纯经济学的主要研究对象是揭示这些价格的相互作用如何使供给和需求、生产和消费保持均衡状态,这里不再详细地重复分析。然而,商业周期理论的任务是说明在什么条件下,纯经济分析所描述的趋向均衡的过程可能会出现断裂——即为什么与静态理论的结论相反，价格没有引起与均衡状态相符的生产数量的变化。为了表明所讨论的理论并没有解决这个问题，我们现在必须研究在静态理论假设下形成均衡的那些最重要的相互联系，这对解决该问题是必要的。

5. 进一步研究价格对这些理论中假定的"数据"变化的反应方式

我们可以通过追问以下问题来尝试这项研究任务，经济数据的原始变化——这种变化被认为会导致资本品生产的过度扩张——会带来什么样的反应，以及在这种情况下，如何能够形成一种新的均衡。无论最初的推动力来自需求方还是供给方，我们假设的出发点必须总是价格——或者更确切地说是一个使得在新的条件下扩大生产有利可图的预期价格。如上所述，我们可以假设这个预期价格将接近新的均衡价格——因为所讨论的理论都没有任何与之相反的理由。我们可以假设，如果推动力来自单位成本的下降，生产商将考虑增加供给的影响；如果推动力来自需求的增加，他将考虑随着生产数量增加，单位成本的上升。在这方面普遍存在的错误观念需要一种专门的解释，除非这是建立在循环论证之上，否则只能通过货币解释来描述，而在这一点上我们不能考虑货币的解释。

现在，生产现代生产资料所需要的时间长度不能引起生产设备过度扩张的趋势；或者，更准确地说，任何这样的趋势必然会因为生产要素价格的上涨而被有效地消除。因此，我们无法在这些条件下对不均衡现象的发生给出充分的解释。而只要我们放弃"价格机制只从增加的供给进入市场时才开始发挥作用"的假设，并考虑到无论何时都能正确估计制成品（finished goods）的可获得价格时，这一点就变得易于理解了。生产要素价格的调整就必须确保生产数量限于能以有利可图的价格出售产品。无论如何，对于数据最初的变化对产品价格的影响会发生普遍向同一方向偏离的错误估计，只要其不能给出任何另外的理由来解释，就不能认为仅仅存在一个漫长的生产周期就会损害价格机制的作用。

接下来，我们必须探究，从生产的较低阶段到较高阶段，需求的每一次增加（或减少），其影响就会累积传播，在这种所谓的累积传播趋势中究竟存在着什么真相。这一理论经常被引证，下文给出的反驳论据，一定能同时反驳基于类似的技术考虑的所有其他理论；因为篇幅不允许我们详细讨论其中的每一种解释，可以相信，读者会将本文所用的相同推理应用于所有类似的论证——比如那些基于生产设备扩展必然是间断性的论证。每一次需求增加的累积效应，是否意味着一个新的价格决定因素，而其形成的价格和生产数量不同于实现均衡所需的价格和数量？当营业额增加时，商家试图增加存货，制造商试图扩大生产，价格对生产规模的调节作用是否真的因此而暂停？如果生产品价格的上涨是抵消这些物品需求增加的唯一平衡因素，那么仍有可能进行更多的、多于永久有利可图所需的投资。根据我们正在考虑的观点，与均衡情况相比，在任何价格下，生产要素的需求量都会增加，因此，可能出现的情况是，生产商在他们认为以该生产数量仍然有利可图的各价格下，会进行不合理的投资。然而，这种陈述立场的方式完全忽略了这样一个事实，即每一次扩大生产设备的尝试，除了带来要素价格的上涨之外，还必然带来进一步的制约力量，即利率的上升。这大大强化了要素价格上涨的效应。当要素价格和产品价格两者之间的差额（边际）有缩小的危险时，其必然使两者的差额更大。由此进一步保证维持均衡。

我们不要忘记，不仅是当前生产的数量，而且生产设备（包括不能忽略的存货）的规模，在任何时刻，都是通过价格来调节的。除了上述商品和服务的价格以外，尤其是通过使用资本的价格——即利息来调节的，无论我们接受何种特定的利息理论，所有的当代理论都一致认为，利息的作用是使各种生产部门的资本供给和需求相等。在能够提出某种特定的理由说明为什么它在所述的任何情况下都不能发挥这种作用之前，我们必须假定，根据静态理论的基本论点，它总是使资本品的供给与消费品的供给保持均衡。这一假设作为基础是不可或缺的，也是不可避免的，就像"任何种类的商品的供求将通过这些商品的价格变动来平衡"这个主要假设一样。在我们的例子中，当我们考虑生产设备和存货规模扩大的趋势时，必须以提高利率的方式实现这一职能，从而提高产品价格和生产资料价格之间必要的利润边际。但是，这自动排除了对生产品需求增加的那一部分，如果利率没有上升，尽管这些商品的价格上涨，这些需求本来是可以得到满足的。基于所谓生产技术特性的各商业周期理论，甚至没有一个着手解释这个问题：为什么会在没有这些特性的不同位置达到均衡状态，而与由上述各种价格形成过程决定的应达到均衡的位置不同。

现在，对用于生产目的的商品和服务的价格，似乎没有理由不让它们发挥其平衡供求的功能。因为在这里，供给和需求是彼此直接相关的，所以，在给定的价格下，它们之间可能出现的任何差异一定直接和立即引起该价格的变化。只有当我们来考察第二种价格（为借入资本支付的价格，或者说利息）时，我们才能想到扰动可能会悄然发生，因为在这种情况下，价格形成并不直接通过均衡资本品的边际需求和供给而起作用，而是通过其对货币资本的影响而间接起作用，因为货币资本的供给不需要符合真实资本的供给。但是，我们迄今为止讨论的所有理论都仍没有解释这两者之间产生偏离的过程。然而，在进一步探讨利息在严格的均衡体系中可能造成多大程度的断裂，从而解释周期性扰动之前，我们必须简要地研究第二种重要的非货币理论所提供的解释，它们试图纯粹通过储蓄的积累和投资所产生的现象来解释周期性均衡扰动的起源。[①]

6.参考储蓄和投资过程中出现的现象　来解释波动的理论

这些理论的早期观点始于毫无根据和不可采纳的假设，即

[①] 在修订上述段落时，我注意到，这些段落在许多方面都符合 S.巴奇（S.Budge）在其《理论国民经济学概论》（*Grundzüge der theoretischen Nationalökonomie*）（耶拿，1925年，第201及以下诸页）中的推理，因此我要提请注意这一点。

在一段时间内积累起来未使用的储蓄，然后突然投资，从而导致生产设备急剧扩大。这样的观点不需要进一步的分析就可以被忽略。一方面，我们不可能提出任何合理的解释，说明未使用的储蓄为何应该累积一段时间；① 另一方面，即使可以做这种解释，也无法提供任何线索来说明资本品生产的不均衡发展。这些理论最杰出的代表人物斯皮特霍夫教授认识到，储蓄活动存在波动本身并不能解释这个问题。从他对类似问题的否定回答中可以清楚地看出，在易货经济中，储蓄的增加是否会为萧条创造必要的条件。② 事实上，很难看出储蓄量的自发变化（储蓄量本身不可能有其他经济解释，因此必须视为数据的变化）在实际观察到的范围内可能造成商业周期理论所关注的典型扰动。③

那么，根据这些理论，我们在哪里可以找到这种储蓄和投资过程中失衡扰动产生的原因呢？我们将坚持斯皮特霍夫理论的基础，他的理论无疑是同类理论中最完整的。我们可以忽略他简单提到的"资本关系的复杂性"，因为它本身并没有提供一种解释。他的解释的主要依据可以在下面这句话中找到："如果资本家和直接消费品的生产商想要使他们的生产与获取性贷款资本的供给

---

① 参见W. 奥伊肯（W.Eucken）向社会政策协会苏黎世大会（the Zurich Assembly of the 'Verein für Sozialpolitik'）提交的有趣的口头报告中所作的非常有效的评论。(《社会政策协会文集》，第175卷，第295及以下诸页。)

② "危机"（Krisen），《政治学词典》（Handwörterbuch der Staatswissenschaften），第四版，第六卷，1925年，第81页。

③ 然而，从理论上讲，储蓄量突然剧烈波动，可能会在储蓄额下降时引发危机现象，这并非不可想象。关于这一点，参见第五章，原书第205页。

保持同步，这些过程应当有意识地相互调整"。①但是获取性贷款资本的产生是独立于中间品和耐久资本品（durable capital goods）的生产的；相反，中间品和耐久资本品可以在企业家不知道获取性资本（即储蓄）的规模和其可用于投资的规模的情况下生产；因此，以上两者总是存在这样一种危险：其中一个过程可能会落后，而另一个过程则在加速前进。然而，认为企业家对情况不了解，这种说法属于我们先前必须否决的那一类解释。它没有说明为什么价格——尤其是资本价格，即利息，在这种情况下没有发挥或没有充分发挥其调节生产量的正常功能，而是出人意料地忽视了这样一个事实，即调节生产规模不是基于对需求的了解，而是通过价格决策来调节的。假设利率总是决定可用储蓄量能够使生产性工厂扩张到何种程度——只有通过这个假设，我们才能解释到底是什么决定了利率——任何关于储蓄和投资之间存在差异的断言，都必须有证据支持，为什么在特定情况下，利率不能发挥这一功能。②斯皮特霍夫教授，像这个群体的大多数理论家一样，通过引入另一个至关重要的假设来回避这个必要的问题——我们将在后面看到。只有通过这种假设，他在分析中特别列举的那些原因才是一种有意义的解释；因此，

---

① 斯皮特霍夫，"危机"，《政治学词典》，第76页。着重号标注部分。尽管在联系上稍微有所不同，凯恩斯先生在他的《货币论》(*Treatise on Money*)，1930年版本中的几段话表达了大概同样的观点。例如，第一卷，第175页，特别是第279页："事实上，不可能有旨在将储蓄与投资等同起来的智慧的远见，除非由银行体系执行。"

② 同样的推理元素也可以在卡塞尔《社会经济理论》中找到（德文第四版，1927年，第575页）；当他从高估资本供给（即储蓄）中推理出高度关联时，该高估资本供给可用于替代生产的真实资本供给。

它不应该被视为一个不言而喻的条件被随意带过，而是应作为整个理论分析的出发点。

7. 心理学理论

然而，在讨论这个问题之前，我们必须把注意力转向商业周期理论中预测误差的重要性，以及与之相关的迄今尚未研究的第三种理论——心理学理论。在这方面，正如我们其他部分的研究一样，我们只关注那些内生性的理论——即从经济状况本身，而不是从某些外部环境，例如天气变化等，来解释普遍低估和高估的根源。正如我们之前所说，仅体现对外部环境的相应变化做出调整的经济活动波动，没有对经济理论提出问题。引述的各种心理因素只有在能够揭示其核心问题时才与我们的分析有关：即对未来需求的高估如何能引起生产设备的过度发展，以至于自动地导致反应，而不是突然由其他心理变化引起的。那些熟悉其中最著名的理论，即庇古教授的理论（由于篇幅所限，无法在此复述）①的人会立即发现，内生心理学理论与我们已经研究过的两种理论面临着相同的反对意见。庇古教授没有解释为什么在估计需求增加或成本下降对最终产品价格的影响时会出现错误；或者，如果估计是正确的，为什么生产资料价格的重新调整不能恰

---

① 参见庇古的《工业波动》，伦敦，1927年（第2版，1929年）；以及莫根施特恩"定性和定量的商业周期研究"（"Qualitative und Quantitative Konjunkturforschung"），《政治学全领域期刊》(*Zeitschrift für die gesamte Staatswissenschaft*)，第84卷，图宾根，1928年。

到好处地制约生产的扩张呢。当然，没有人会否认，对于特定价格的未来走势，可能会出现错误。但是，如果没有进一步的证据，就不能假定经济体系的均衡机制只有在由于这些错误预测而导致过度增长的产品真正进入市场上时才会开始发挥作用，而这种不均衡的发展直到那时仍然没有受到干扰。任何时候，所有以对经济形势的错判或无知来解释周期性波动的理论，都会陷入与那些基于经济体系的"无计划"的天真解释同样的错误。他们忽视了这样一个事实，即在交换经济中，生产受价格支配，独立于个体生产者对整个生产过程的任何了解，因此，只有当定价过程本身受到干扰时，才可能发生对生产的误导。另一方面，导致"错误"配置的"错误"价格，不能反过来用错误来解释。如同所有现代经济理论一样，在一个论证系统的框架内，价格仅仅是趋向均衡状态的必然趋势的表现，如果不首先使西斯蒙第式的（Sismondian）的旧观点——价格对生产的误导作用——与基本解释系统保持一致，就不能重新引入该观点。

8.所有这些理论都假定了信贷的可变性

几乎不言而喻，在我们的研究中已引用的对非货币理论提出的所有反驳意见，都通过一个特定假设来证明其合理性，该假设是我们为了检验所谓的"真实"解释的独立有效性而不得不做出的。为了弄清"真实的"原因（这些因素是被作为"货币变化不是周期性波动的原因"而加以强调的）是否能够对周期性波动进行充分解释，有必要研究它们在纯粹易货条件下的运作。即使不可能完全证明在这些条件下任何非货币的解释都是不充分的，但我认为已经说得够多了，足以表明总体思路，这种思路将会完全驳倒所有基于生产、市场、金融和心理现象的（周期）理论，这些现象都不能帮助我们解除构成所有经济论证基础的基本均衡关系。而如果我们要防止自己受到上述反对意见的影响，解除它是必不可少的步骤。

如果这几类中的各种理论仍然能够对周期性波动提供合理的解释，如果它们的作者没有意识到其中的矛盾，这是由于无意识地引入了一个与纯粹的"真实"解释不相容的假设。这一假设足以消除易货经济的刚性反应机制，从而使所述过程成为可能；但正是由于这一原因，它不应被视为一个不言而喻的条件，而应被视为解释本身的基础。我们可以很容易地证明，在上述研究的所有理论中有这样默认的假定条件——在合理的限度内，存在着企业家总是能以不变的价格支配的信贷。然而，这就假定了一些最重要的、可在易货经济中将生产设备的扩展限制在经济允许的限度之内的制约是不存在的。一旦我们认为，即使在某一点上，定价过程也无法平衡供给和需求，从而在一个大约较长的时期内，需求被满足的价格，是可用供给不足以满足总需求的价格，那么经济事件的进程就失去了其确定性，出现了一系列不确定性，在这些不确定性的条件下，运行可能偏离均衡状态。正如我们稍后将看到的，正确的假设是——正是利息，即信贷的价格的模式，才使价格形成中的这些扰动成为可能。然而，我们绝不能忽视这样一个事实，即由此产生的不确定性的范围仅仅是涉及易货经济的绝对确定性时才"不确定"。新的价格形成，连同它决定的新的生产结构反过来必然符合一定的规律，表面上的不确定性并不意味着价格和生产的不受约束的自由流动。相反，每一次对原均衡位置的偏离都一定是由新的条件因素决定的。但是，如果是信贷的存在使这些不同的扰动成为可能，而且如果新信贷的数量和方向决定了偏离均衡位置的程度，那么显然就不允许将信贷视为一种被动因素，不允许将其存在视为一种不言而喻的条件。我们必须把它看作一个新的决定因素，它的出现导致了这些偏差，在推断所有这些可以在周期波动中观察到的现象时，它的影响必须成为我们推测的出发点。只有成功地做到了这一点，我们才能声称已经解释了所描述的现象。

忽视了不均衡的表象是来源于这一条件——为了使论证保持在均衡理论的框架内，必须将该条件作为假定条件——就会导致某些后果，这些后果在斯皮特霍夫教授的著作中得到了最好的例证。因为在他的理论中，所有重要的相互联系都得到了最详尽的解释，所观察到的现象没有一个是无法解释的。但是，由于单一因素在干扰一般均衡的相互关系方面所起的作用，他不能从单一因素中推导出所描述的各种现象，这些现象本应该构成他的论证基础。在论述的每一个阶段，他都以经验作为支持，并表明在给定的不确定性范围内，实际上发生了哪些偏离均衡位置的情况。结果，"为什么这些现象必定总是如描述的那样发生"这一问题从来就没弄清楚；总存在这样一种可能性，在另一些情况下，它们可能会以不同的方式或以不同的顺序出现，而他无法根据自己的论述来解释这种差异。换句话说，后者无论如何准确和恰当地描述观察到的现象，从文字意义上都不能作为严格的理论，因为它没有列出在这些条件下存在的那些事件必须遵循的一个确定的科学过程。

9. 货币与经济"数据"的其他变化之间的主要差异

尽管毫无疑问,所有的非货币商业周期理论都默认地假定,资本品的生产是通过创造新的信贷而成为可能的,虽然在论述过程中经常强调这一条件,①但尚未有人证明这种条件应该成为论证的唯一根据。就严格的逻辑而言,这些理论并非不可能利用一些其他的假设消除均衡的严格的相互关系,从而形成一个精确的理论分析的基础。但是,一旦在我们的解释中假设信贷的存在,做出该新的假设时,我们之前对易货经济下各种理论的正确性提出的反驳意见在多大程度上是无效的?通过考虑这个问题,我们可以批驳理论上的问题。然后,我们也将能够确定这个假设是否一定以通常的形式做出,或者它是否仅仅代表对基本理论假设的更广泛重要扩展的一个特殊实例。

我们必须问自己的问题是:假定在其他条件不变的情况下信贷供给可以扩大,这一假设引入了什么新的价格因素,能够使建立供需均衡的趋势偏转方向?在我看来这是唯一可能的答案,我们是否一定会接受这个答案取决于我们是否同意一个基本命题,在这里只能对该命题进行简要概述,其充分证据只能在一个完整

---

① 参见斯皮特霍夫,"危机",《政治学词典》,第77—78,81页。

的纯经济学体系的框架内给出；即"在易货经济中，利息构成了资本品生产和消费品生产依次按比例发展的充分调节因素"这一命题。如果人们承认，在没有货币的情况下，利息将有效地防止生产品的生产过度扩展，并使其保持在可用储蓄供给的限度内，而且基于消费者需求自愿推迟到未来的资本品存货的扩展绝不会导致不均衡的扩展，那么，我们必定承认，资本品生产的不均衡的发展只能独立于来自储蓄积累的自由货币资本的供给之外；而自由货币资本的供给又来源于货币数量的弹性。① 事实上，为了理论推理，通货数量的每一次变化应当与所有其他真实的因素区分开来；因为与所有其他因素不同，它意味着均衡的相互关系的松动或放松。"真实"因素的任何变化——无论是可获得的生产资料的数量、消费者的偏好，还是其他方面，都无法消除每一个经济均衡概念所依据的总需求和总供给的最终一致性。另一方面，货币数量的变化代表的是需求的单方面变化，而这种变化并没有被同等的供给变化所抵消。货币作为一种纯粹的交换手段，任何人都不会为消费的目的而需要它，就其本质而言，它总是在没有完全达到其目的的情况下被用于再交换；因此，当它存在时，静态理论基本假设的系统的终结性和"封闭性"就被放松

---

① 在这方面，"货币数量"（Volume of money）并不只是指流通中货币的数量（the quantity of money），而是指货币流量（the volume of the money stream）或有效流通的数量（the effective circulation，用通常的术语——数量乘以流通速度）。即便如此，由于企业组织中的某些补偿性变化，有效流通中的某些变化可能不会产生干扰效应。关于这一点，参见我的《价格与生产》第四讲。

了，并导致出现了在静态均衡的封闭系统中难以想象的现象。①

各部分之间的相互依存关系也必然随着系统的"封闭性"一同消失，因此价格有可能不按照静态理论所描述的经济体系的自我调节原则运行。相反，这些价格可能引发的波动，不仅不会通向一个新的均衡状态，而且实际上还会对均衡造成新的扰动。这样，通过将货币因素包含在阐释的基本假设之中，就有可能推断出诸如在周期性波动中观察到的那些先验现象。使上述商业周期理论认为理所当然的"利率制动"（interest brake）失效——这是一个由货币影响引起的价格机制扰动的例子，也是从商业周期理论的角度来看最重要的一个例子。这种条件在多大程度上构成商业周期理论的充分基础，是对货币理论进行具体阐述的问题，因此我们将在下一章研究现有的货币理论在多大程度上已经解决了与商业周期理论有关的问题。

10. 假设存在货币扰动，理论的第一个任务是检验由这一假设推断出的与纯粹的均衡理论所设想的系统的所有偏离

上一章的目的是要说明，只有基本货币变化的假设才能满足

---

① 对系统"封闭性"的消解，由于货币数量的变化是需求的单方面变化，而不伴随供给的同等变化，当然并不意味着洛维提出的"开放"体系（"商业周期理论是如何实现的"）的请求得到了承认（洛维认为，当一个或几个"自变量"被引入来解释时，就是一个系统）。这一请求——人们倾向于相信其是出于将理论从精确演绎的束缚中解放出来的愿望——理所当然地受到了卡雷尔的强烈批评。（《社会经济理论和商业周期问题》，第2及以下诸页和第115页）

任何周期性波动理论诠释的基本必要条件——任何仅仅基于"真实"过程的理论都无法满足这一条件。如果这是正确的,那么,在开始阐述理论时,必须承认这些货币过程是决定性的因素。因为我们只有首先假设均衡理论所表明的基本经济关系的全部活动,然后有意识地、依次连续地引入那些能够使这些刚性联系解除或放松的因素,才能在理论上对复杂现象做出无可争议的解释。因此,必须对由于这种放松而变得可能的所有现象——作为特定要素的结果进行解释,通过将这些要素纳入基本假设,它们在总体理论框架内就能解释得通。我们常常发现,一种论断——不是这种理论上的推论——在经济中存在广泛的不确定性,在任何经济体系中都找不到根据。看似矛盾的是,本文注定会对理论产生毁灭性的影响,因为它需要舍弃任何精确的理论演绎,而且对经济现象进行理论解释的可能性本身也成了问题。

对于我们尚未提到的另一大类理论,也必须提出类似的一般性反对意见。该类理论密切关注货币的内在联系,并明确强调这些内在联系是上述过程发生的必要条件。但是它们没有从这个认识中得出必然的结论,没有使其成为这些理论推导出所有其他特殊现象的阐述出发点。熊彼特教授的理论和某些"消费不足理论"[①]尤其是莱德雷尔教授的理论属于这一类;同样,还有各种"现实主义"的理论,即那些放弃任何一致性的推论演绎的理论,

---

① 关于对现代消费不足理论的代表人物 W.T.福斯特(W.T.Foster)先生和 W.卡钦斯(W.Catchings)先生的详细批评,请参阅我的文章"储蓄的'悖论'",《经济学刊》,第32期,1931年5月。

比如卡塞尔、莱斯库雷和米切尔教授的理论。关于所有这些半货币主义的解释，我们必须提出这样一个问题——一旦我们被迫引入与静态系统无关的新假设——理论研究的首要任务是否并不是检验随着这一新假设必然产生的所有结果，并且只要任何现象被证明在逻辑上可以从新假设推导出来，就应在阐释过程中把它们视为引入的新条件的影响。只有这样，才有可能将商业周期理论纳入静态系统，而静态理论是所有理论经济学的基础；正因为如此，货币因素必须被视为解释周期性波动的决定性因素。因此，这种对比可以归结为一个理论表述的问题，甚至在比较这些理论时，明确承认货币作为起点的问题似乎纯粹是在方法上或甚至术语上重要，与问题的根本解决办法无关。但是，同样一个程序在一种情况下可能只会让理论失去优美，破坏理论结构的一致性，在另一种情况下却可能导致引入完全错误的推理，对此只有严格的系统程序才能提供有效的保障。

第三章　商业周期的货币理论

1. 商业周期货币理论的主要任务

前几章的论点已经论证了商业周期理论有必要采用货币方法的主要原因。这是因为只有在将货币引入经济体系的情况下，供求关系的自动调节才会受到干扰。根据萨伊的《销售理论》中清楚表述的推理，这种调节必须被视为始终存在于自然经济状态中。因此，通过经济理论的方法对商业周期进行的每一种论证，都必须从考虑货币使用所产生的影响开始。当然，只有使每种论证与经济理论的基本命题系统地协调起来，才有用经济理论进行证明的可能性。通过探究它们的结果，应该有可能说明对经济体系的总体影响，并将该结果形成一个协调的整体。这一定是所有旨在解释均衡扰动的理论的目标，均衡扰动的本质不能被视为数据变化的直接后果，而只能被视为经济体系本身发展的结果。对于这种典型的扰动形式，经验表明这种扰动是有规律地反复出现的，完全可以称之为商业周期，应该从以下事实中探究货币的影响：因为当货币数量具有弹性时，储蓄与真实资本创造之间的关系可能缺乏刚性。这是几乎所有关于资本品生产不均衡的理论都一致强调的一个事实。因此，货币商业周期理论的首要任务就是阐释货币影响为什么以及如何在经济体系的这一部分直接引起有规律的扰动。

2. 货币理论不应该从一般价格水平的变化开始

当然，在这个阶段我们不会试图系统地提出这样一种理论。本章关注的是一项特定的任务：它试图表明，现有的货币理论已经在多大程度上朝着圆满地解决商业周期问题的方向发展，以及需要怎样进行修正，才能证明那些反对观点的谬误，而迄今为止这些反对观点似乎理由充分。

有一点已经很清楚：我们对货币商业周期理论的期望与大多数货币商业周期理论所认定的基本论证目标有很大的不同。我们丝毫不关注通过货币价值的变化和价格水平的变化来解释货币因素对商业波动的影响——这些主题构成了当前货币理论的主要基础。我们期待一种解释，能够从研究源自货币领域的所有变化中——特别是货币数量的变化中产生，而这些变化必然会扰动自然经济中存在的均衡的相互关系，不管这种扰动是否出现在所谓的"一般货币价值"的变化中。因此，我们呼吁对所有商业周期理论采用货币方法，并不意味着今后这些理论应该仅仅甚至主要基于那些通常在货币著作中占主导地位的论点，这些论点旨在解释一般价格水平和"货币价值"的变化。相反，货币理论不应仅仅为了货币本身而关注货币，还应该研究那些将货币经济与"纯经济学"必须假定的易货经济的均衡相互关系区分开来的现象。

当然，必须承认，许多商业周期理论家认为，货币理论的重要性恰恰在于它能够参照一般价格水平的变化来解释波动的原因。因此，不难理解为什么某些经济学家认为，一旦他们否决了这种观点，他们就一劳永逸地结束了在用货币解释商业周期上的分歧。毫不奇怪，商业周期的货币理论会遭到斯皮特霍夫教授等人的反对，在他著名的著作《作为"上涨理论"的货币数量理论》(*The Quantity Theory as "Haussetheorie"*)中[1]，认为这些理论与朴素的数量理论解释相同，该数量理论从价格水平的变化中演绎出波动。[2] 与这种观点相对的，我们有理由指出，存在大量易于引起波动的现象，而其不取决于货币价值的变化，而且事实上，在根本不会发生这些货币价值变化的情况下，这些波动可能对经济均衡产生干扰作用。此外，尽管有许多相反的断言，但一般价格水平的波动并不总是归因于货币原因。[3]

---

[1] "数量理论，特别是在其作为上涨理论的可用性方面"("Die Quantitätstheorie, insbesondere in ihrer Verwertbarkeit als Haussetheorie")，《A.瓦格纳70岁寿辰纪念文集》(*Festgaben für A.Wagner zur 70 Wiederkehr seines Geburtstages*)，莱比锡，1905年，第299及以下诸页。

[2] F.布尔夏特（F.Burchardt）、洛维和其他最近对货币商业周期理论提出批评的人也属于这一类。他们认为，除了通过价格水平变化表现出来的货币影响之外，没有其他类型的货币影响；这一概念无疑是错误的，由此他们相当肯定地得出这样的结论：不可能存在纯粹的货币商业周期理论这种东西。在他们看来，通常所谓的商业周期理论实际上几乎总是依赖于他们认定的非货币因素。

[3] 主张一般价格水平的变化必然总是源于货币方面，例如卡塞尔教授和欧文·费雪（Irving Fisher）教授提出的主张，显然依赖于循环推理。它始于这样一个假设，即货币数量必须根据交易量的变化进行调整，使价格水平保持不变。如果不是这样，而货币数量保持不变，那么，根据这个引人注目的论点，交易量就成了价格水平变化的原因。卡塞尔教授在他的《1914之后的货币与外汇》(*Money and Foreign Exchange After 1914*)（1922年，伦敦）一书中相当坦率地说明了这一点。

3. 关键要点是货币数量变化对生产结构的影响

但是，必须对用一般价格水平波动来解释商业周期的理论予以否定，这不仅是因为它们未能说明为什么货币因素会扰乱一般均衡，而且还因为从理论角度来看，它们的基本假设与那些完全忽视货币影响的理论一样幼稚。它们从一个"正常状态"（normal position）开始，然而，这个"正常状态"与在静态下的正常状态没有任何关系；它们基于一个假设，即价格水平恒定不变的假设，如果这个假设得以满足，它本身就足以打破均衡的相互关系。事实上，所有这些理论都基于这样一种观点：只要货币的价值没有改变，它就不会对经济体系产生直接和独立的影响。这种观点毫无根据，但迄今为止几乎无人质疑。然而，这种假设（或多或少存在于所有货币理论家的著作中）远非所有商业周期理论的必要起点，或许是成功检验周期性波动过程现存的最大障碍。它迫使我们假设给定的有效货币数量的变化。然而，这种变化总是破除静态理论所描述的均衡内在关系；但如果要在数据发生变化的情况下保持货币价值不变，就有必要做出这种假定；因此，它们不能用来解释静态理论所规定的事件进程的偏离。以均衡理论为基础的任何论证的唯一真正起点必须是货币数量变化的影响，因为这本身就构成了一种新的状态，完全不同于通常在静态理论框架内讨论的状态。

与那些"真实"力量所制约的、同时影响总供给和总需求的经济变化形成鲜明对比的是，货币数量的变化可以说是一种单边的影响，不会引起不同个体的经济活动的相互调整。它通过改变单一因素，而不同时引起系统其他部分的相应变化，破除了系统的"封闭性"，打破了系统的刚性反应机制（这一机制依赖于供给和需求的最终一致性），并为偏离均衡状态的趋势开辟了一条路径。因此，作为这些单边影响的理论，货币经济理论应该能够解释易货经济中难以想象的现象的发生，特别是引起危机的不均衡的发展。①这种解释的出发点应该在于——在目前的货币和信贷机制下——货币数量可能自动发生变化，或在于事件的正常过程中，不需要任何外部机构采取剧烈的或人为的行动。

4. 生产结构的变化从根本上独立于货币价值的变化

即使尚未对商业周期问题进行系统的论述，但应注意的是，在货币解释的各种尝试中，存在着一种次要的观点，它与波动直接依赖于货币价值变化的观点密切相关。的确，这种观点只是作为一种次要方法，用来帮助解释货币价值的波动。但它的发展包括对与商业周期有关的货币因素中多数最重要的因素的分

---

① F.维塞尔（F.Wieser）"货币价值及其历史变迁"（"Der Geldwert und seine geschithtlichen Veränderungen"）[《经济学社会政策与管理杂志》（*Zeitschrift für Volkswirtschaft Sozialpolitik und Verwaltung*），第13卷，1907年，第57页，转载于维塞尔《文集》（*Abhandlungen*），图宾根，1929年，第178页] 讨论了"单边货币供给"（onesided money supply）的特殊影响。

析。这是从 H.桑顿（H.Thornton）①和 D.李嘉图（D.Ricardo）②开始的教学中完成的，并由H.D.麦克劳德（H.D.Macleod）③、H.西奇威克（H.Sidgwick）、R.吉芬（R.Giffen）和 J.S.尼科尔森（J.S.Nicholson）④再次讨论，最后由 A.马歇尔（A.Marshall）⑤、K.维克塞尔⑥和 L.v.米塞斯（L.v.Mises）⑦使其得到发展，他们的

---

① 《对英国纸币信用的性质和影响的研究》(*An Enquiry into the Nature and Effects of the Paper Credit of Great Britain*)，伦敦，1802年；特别是第287及以下诸页。这是货币理论最显著的成就之一，至今仍备受关注；参见维克塞尔在《基于边际原则的国民经济讲座》(*Vorlesungen über Nationalökonomie auf Grundlage des Marginalprinzipes*)第2卷的序言中对它的提及，耶拿，1922年，第12页；以及布夏特，关于这些早期理论的更全面的讨论，请参见我的《价格与生产》，伦敦，1931年，第11及以下诸页。

② 参考《黄金的高价》(*The High Price of Bullion*)（论文，冈纳编辑，第35页），其中李嘉图说，"在这段时间内，利息将低于其自然水平"，以及他的《原理》(*Principles*)第二十七章（麦卡洛克编辑，第220页），很长一段时间以来几乎没有人注意到这一点，但其中已经包含了后来理论中提出的许多内容。

③ 《银行理论与实践》(*Theory and Practice of Banking*)，1855年及之后版本。特别参见第二卷，第278及以下诸页。

④ 关于西奇威克、吉芬和尼科尔森，参考 J.W.安格尔（J.W.Angell）的《国际价格理论——历史、批评与重述》(*Theory of International Prices—History, Criticism and Restatement*)，剑桥，1926年，第117—122页。

⑤ 参见马歇尔在议会各委员会的证词，这些证词收集在《阿尔弗雷德·马歇尔的官方文件》(*Official Papers by Alfred Marshall*)一书中，1926年，伦敦，特别是第38—41、45、46及以下诸页，第273及以下诸页，以及后来在《货币、信贷和商业》(*Money, Credit, and Commerce*)中的叙述，第255—256页。

⑥ 特别是在《利息与价格》(*Geldzins und Güterpreise*)，耶拿，1898年，以及在他后来的《国民经济学讲义》的第二卷中，已经被引用，但没有产生应有的影响，主要是因为它以极其糟糕的德语译文发表。不幸的是，我无法接触到与维克塞尔的作品有关的其他瑞典作品，如果要对这一理论的发展进行全面的考察，这些作品当然不应该被忽视。

⑦ 《货币和流通资金理论》(*Theorie des Geldes und der Umlaufsmittel*)，第一版，1912年，第二版，1924年；以及近期出版的《货币稳定与经济政策》(*Geldwertstabilisierung und Konjunkturpolitik*)，耶拿，1928年。（前者的译本将很快在本系列中出版——编者）

第三章 商业周期的货币理论

著作追溯了相对均衡利率发生变化的利率对生产结构的影响的发展,即货币影响的结果。出于这次评述的目的,没有必要再回顾该种理论的早期代表人物的思想;阐明维克塞尔和米塞斯的观念就足够了,因为最近所做的有效改进和仍然存在的错误都可以在这些研究的基础上得到最好的检验。①

我们理应认为读者对维克塞尔和米塞斯的著作都很熟悉。维克塞尔从一开始②就明确地认为这个问题是关于物品价格的平均变化的,从理论的角度来看,这是完全不相干的。他从这样一个假设出发:在没有货币扰动影响的情况下,平均价格水平必须保持不变。这一假设是基于另一种只是偶然反映出来的假设③,该假设尚未确定,而且从所讨论的大多数问题的观点来看,这一假设甚至是不可以的,即假设经济处于静态。维克塞尔的基本论点是,当货币利率与自然利率(即恰好使借贷资本的需求和储蓄供给相平衡的利率)④一致时,货币与物品价格的关系是完全中性的,既不会提高价格,也不会降低价格。但是,由于他的基本假设的性质,通过这篇文章他只能演绎证明:每逢货币利率滞后而低于自然利率时必然导致一般价格水平的上升,而每一次货币利率上升而高于自然利率时都会导致一般价格水平的下降。维克塞

---

① A.哈恩(A.Hahn)教授关于商业周期理论[在《银行信贷的经济理论》(*Volkswirtschaftlichen Theorie des Bankkredits*)中提出,图宾根,1920年]的观点在某些方面与米塞斯教授的观点相似,但这里不考虑他的观点,因为我们无法在他与后者不同的所有方面遵循他的理论。最近,罗普克教授和巴奇教授也提出了类似的理论。

② 请参阅例如《利息与价格》,第125页。

③ 同上书,第126页。

④ 同上书,第93页,以及《国民经济学讲义》,第二卷,第220页。

113 尔在分析与自然利率不同的货币利率对价格水平的影响期间，只是偶然地谈到了自然价格形成的这种扭曲（货币数量的弹性使之成为可能）对特定生产部门发展的影响；这是商业周期理论的重要决定性问题。如果有人尝试系统地将这些观点整合到对商业周期的解释中（本质上放弃静态假设），就会出现一个奇怪的矛盾。一方面，我们被告知，当货币利率与自然利率相同时，价格水平保持不变；另一方面，资本品的生产同时也要保持在实际储蓄供给所限制的范围内。无需多言，我们就可以证明存在这样的情况——当然是与商业周期理论最为相关的经济扩张的所有情况，在这些情况下，使实际储蓄供给和资本需求达到均衡时的利率，

114 不可能是同时阻止价格水平变化的利率。① 在该情况下，价格水平的稳定以货币数量的变化为前提；但这些变化必然总是导致实际储蓄与投资数量之间的差异。在一个不断扩张的经济中，进入流通的新货币的数量刚好足以维持价格水平稳定时，利率总是低于使可用借贷资本量与公众同时储蓄量保持相等的利率，因此，尽管价格水平稳定，它仍可能导致一种偏离均衡状态的发展。但是，维克塞尔在这里并没有意识到，货币的影响力往往会打破易货经济的均衡体系，而不受价格水平变化的影响：在他看来，只要价格水平的稳定不受干扰，一切都是井然有序的。② 他固执地

115 认为，货币理论的唯一目的是解释那些导致货币价值发生变化的

---

① 类似的还有奥伊肯，《社会政策协会文集》，第175卷，第300及以下诸页。

② 维克塞尔在《利息与价格》（第97页）中对这种观点的解释对我来说是不可理解的。

现象，他认为只要这些偏差没有直接揭示货币价值的测定，自己有理由忽视货币经济过程与易货经济过程的所有偏差；因此，他否认可能有涵盖他所指出的现象的所有结果的一般理论。① 但是，尽管他的论点"价格水平变动与偏离其自然水平的货币利率之间存在直接关系"只在静态下有效，因此不足以解释周期性波动，他论述了这种偏离对价格结构的影响和各个生产部门发展的影响，构成了未来任何货币商业周期理论的最重要基础。但是，与维克塞尔的理论不同的是，这一未来的理论必须研究的不是一般价格水平的变动，而是由货币因素引起的特定价格与其均衡位置的偏差。

5. 对货币理论的大多数批评都是由于对这一观点的误解

米塞斯教授的研究代表了朝这个方向迈出的重要一步，尽

---

① R.斯图肯（R.Stucken）是最早提请注意这个事实的人之一，在他的《商业周期波动理论》(*Theorie der Konjunkturschwankungen*)（耶拿，1926年，第26页）中维克塞尔指出的偏离自然利率的货币利率与价格水平变动之间的关系只存在于静态的经济中；而如果财货流动增加，只有增加购买力才能确保价格水平的稳定。然而，他仍然完全专注于一种流行的观点中，即稳定的价格水平对于不受干扰的经济发展是不可或缺的，因此他认为，为确保这种条件所需的新增货币不能被视为经济过程中的扰动因素。同样地，罗伯逊先生几乎同时指出［《银行政策与价格水平》(*Banking Policy and the Price Level*)，伦敦，1926年，第99页］，使价格水平保持稳定的利率不必与使储蓄供给和资本需求相等的利率一致。我现在了解到，甚至在战前，这种反对意见就已经构成了乌普萨拉（Upsala）的大卫·戴维森（David Davidson）教授对维克塞尔理论的批评的基础。然而，戴维森教授的文章以及随后在《瑞典经济时报》(*the Swedish Economisk Tidskrzft*)上与维克塞尔的讨论，我都无法看到了。

管他仍然把货币价值的波动作为他解释的主要对象,并且认为不均衡现象是这些波动在最广泛意义上的后果,在这种情况下才去阐释它。但是,米塞斯教授关于货币内在价值的概念扩展了"货币价值波动"的概念,远远超出了人们对这个术语通常理解的范围;因此,他可以在货币价值波动理论的框架内,或者更确切地说,在货币价值波动理论的名义下,描述货币对价格形成的所有影响。① 他的理论实际上已经包含了这一论述:利率的所有这些

---

① 如果我们遵循 C.门格尔(C. Menger)和现在的米塞斯教授的观点,不考虑通常的做法,把货币对价格的所有影响都包括在货币价值理论中,而不是把它限制在对货币的一般购买力的解释上(这里指的是货币价格的绝对水平,不同于特定财货的相对价格),那么,认为任何货币经济理论都一定是货币价值的理论是正确的。但这种表述并不恰当,因为"货币价值"通常被理解为"一般购买力",而货币理论在解释了价格的绝对水平(或维克塞尔所说的"具体"水平)之后,并没有完成它的使命;其更重要的任务是解释那些因引入货币而受制约的特定价格相对水平的变化。另一方面,为了避免任何可能的误解,我们在这一点上必须特别坚持,在 G.F.克纳普(G.F.Knapp)的"国家货币理论"等有名的唯名论与一般的交易理论之间的对比意义上,我们所寻求的货币理论也必须完全是一种"货币价值的理论"。为了公正地评价门格尔和米塞斯,应该指出,当他们谈到货币"内在"价值的稳定性时,他们的意思与某种价格水平意义上的任何可测量的价值无关,而只是另一种表达方式,在我看来,这种表达方式具有误导性,我现在更愿意称之为货币中性。(参见我的《价格与生产》,第 27—28 及以下诸页)。这个表述是由维克塞尔在文中引用的一段文字中首次使用的,最近在德国和荷兰有关货币的著作中变得相当普遍。参考 L.v.博特凯维茨(L.v.Bortkiewicz),《改革我们的货币问题》(*Die Frage der Reform unserer Währung*),Brauns Analen,第六卷,1919 年,第 57—59 页;W.G.贝伦斯(W.G.Behrens),《货币创造问题》(*Das Geldschöpfungsproblem*),耶拿,1928 年,第 228 及以下诸页,第 286 及 312 页。G.M.维里金·斯图尔特(G.M.Verrijin Stuart)和 J.G.科普曼斯(J.G.Koopmans)在 1929 年统计分析与管理协会(Vereinigung voor de Staathuishoudkunde en de Statistik)会议的报告和讨论。

影响是通过货币影响而改变的，这对于解释商业周期的过程非常重要。因此，他描述了生产部门的各种不均衡发展以及由此产生的收入结构的变化。然而，这种假借货币价值波动理论的名义提出的理论仍然是危险的，部分原因是它总是引起误解，但主要原因是它似乎将周期性波动的次要影响带到了关注重心，这种影响通常伴随着周期性波动，但并不是必然出现的。

无从考察米塞斯教授利用货币的内在客观价值这一概念，在多大程度上规避了这一难题。对我们来说，唯一重要的一点是，维克塞尔和米塞斯指出的人为降低利率的影响是存在的，无论同样情况最终是否会对货币的一般价值（就其购买力而言）产生影响。因此，如果要正确理解它们，就必须对它们各自单独进行阐述。①在一个不断扩张的经济中，货币流通量的增加有助于防止价格水平下降，呈现出一个货币因素变化的典型例子：其旨在使货币利率与自然利率之间形成的差异不影响价格水平。结果，在论述不均衡现象时，这些变化照例被忽视；但它们必然引起生产资源在资本品和消费品之间的分配，这种分配不同于均衡分配，正如货币因素的变化确实体现在价格水平的变化中一样。这种情况特别重要，因为在当代货币制度下，以贵金属流动形式自动调节货币价值，将定期补充新的购买力，从而将货币利率压低到其自然利率水平以下。②

---

① 最近，米塞斯教授原则上承认了这一点，他明确强调，每次新发行的通货都会导致货币利率相对于自然利率的下降。(《货币稳定与经济政策》，第57页)

② 参见我的文章"跨期价格均衡和货币价值变动"，《世界经济档案》，第28卷，1928年7月。

迄今为止，由于一直认为稳定的价格水平是正常的，便很少对货币数量变化的影响进行研究，货币数量变化必然导致与静态理论所预期的不同的发展，同时该发展导致建立这样一种生产结构——一旦货币因素的变化停止就无法延续。经济学家们忽视了这样一个事实——在一个不断扩张的经济中，维持价格稳定所必需的货币数量的变化，可引发一种静态分析以外的事件新状态，以至于不能认为在稳定的价格水平下出现的发展是与静态规律相一致的。因此，所描述的由货币价值变化所引起的扰动，只是货币数量变化引起的对事件静态进程在更大范围中的各类偏离中的一小部分——在不发生货币价值的变化时，货币数量变化可能经常存在，而当货币价值发生变化时，这种扰动也可能不会随之而来。

6. 引起生产方向转变的个体价格关系的变化必是主要关注点

正如上文简要指出的那样，对周期性波动的货币理论提出的大多数反对意见都是基于一种错误的想法，即这些理论的重大贡献在于从整体价格变动中推断出生产量的变化。特别是，布尔夏特博士和洛维教授最近对货币商业周期理论提出的非常广泛的批评始终基于这样一种观点，即该理论必须从价格水平的波动开始，而价格水平的波动主要受货币因素的制约；价格水平的上升和下降是由源自货币方面的特定新力量引起的。只有通过这个特殊的、明确阐述的假设，洛维教授在其最新著

第三章 商业周期的货币理论

作[1]中系统地表述的反对意见才变得可以理解；当他断言，如果要把货币因素提升到商业周期的必要条件的高度，那么货币理论就应该证明，所有非货币因素的有效性都取决于以前的价格飙升，这完全是一种误导。[2]我们已经表明，为了将周期性波动的原因归因于货币变化，甚至没有必要假定这些货币原因是通过一般价格水平的变化而起作用的。因此，不可能坚持认为货币理论的重要性仅仅在于对价格周期的解释。[3]

但即便是洛维和布尔夏特批评的核心观点——即所有货币理论对从繁荣到萧条的转变的解释，不是从货币原因出发，而是从货币解释中附加的其他原因出发——也仅仅依赖于这种观点，即只有一般价格变化才能被认为是货币效应。但是，一般价格变化并不是商业周期货币理论的本质特征；它们不仅无关紧要，而且如果它们完全是"一般的"，也就是说，如果它们同一时间以相同的比例影响所有价格，它们就毫不相关。商业周期理论的真正关注点是，由于货币数量的变化出现在某些个别的点上，因此在个别价格关系中发生某些偏差，即偏离维持整个系统均衡所必需的位置。价格均衡的每一次扰动都必然导致生产结构的变化，因此，必须将生产结构的转变视为货币变化的结果，而不是视为另

---

[1] "论货币因素对商业周期的影响"，《社会政策协会文集》，第173卷，第二部分，第361—368页。

[2] "论货币因素对商业周期的影响"，《社会政策协会文集》，第173卷，第二部分，第366页。

[3] 正如洛维教授所主张的（"商业周期理论是如何实现的？"，《世界经济档案》，第24卷，1926年，第364页）。

外的单独假设。现有货品存量部分的变化的性质是通过这种货币变化来形成的,其当然取决于货币注入经济体系的"点"。

毫无疑问,对这一现象的强调标志着货币理论在超越数量理论的基础真理方面取得的最重要进步。货币理论不再满足于确定某一特定货币因素对货币购买力的最终反应,而是试图追踪特定价格的连续变化,而这些变化最终导致整个价格体系的变化。① 各种价格的连续变化之间存在"时滞"的假设,并非仅仅出于商业周期理论的目的而凭空捏造出来的,而是基于系统推理,对旧货币理论的错误概念进行了纠正。② 当然,当相对价格的变化是由于需求变化而引起的,而需求变化本身又受到货币变化的制约时,借用英美经济学家的"时滞"概念来表示某些商品的价格变化相对于其他商品的价格变化暂时滞后的说法是非常不恰当的。因为只要需求变化持续存在,这种变化就必然会继续。它们只是随着货币扰动因素的消失而消失。当货币不再进一步增加或减少时,它们就停止了;然而,当货币的增加或减少本身已经消失时,并不如此。但是,无论我们用什么表达方式来表示这些相对价格的变化以及受其制约的生产结构的变化,毫无疑问,这些变化反过来又受到货币因素的制约,而货币因素本身就使这些变化

---

① 关于这一观点的发展情况,请参阅我的《价格与生产》第一讲。

② 因此,我们不能将米塞斯在社会政策协会苏黎世大会辩论上的声明视为放弃货币立场。在这次会议上,他不仅承认而且实际上强调了这样一个事实:货币原因只能通过在各种价格、工资和利率之间产生一个"滞后"来发挥作用。[参见"社会政策协会苏黎世大会的谈判"("Verhandlungen des Vereins für Sozialpolitik in Zurich"),《社会政策协会文集》,第175卷,慕尼黑和莱比锡,1929年]

成为可能。

对这一论点唯一貌似合理的反对意见是，在经济体系的任何点发生的价格关系的变化都不可能引起我们在周期性波动中观察到的生产结构的典型的、有规律地反复出现的变化。与此观点相反的是，正如我们稍后将详细说明的那样，我们可以尽力指出，货币和信贷组织中不断发生的变化会引起某种价格——即利率偏离均衡状态，这种偏离必然会导致各生产部门相对地位的变化，而这种变化注定会在以后引发危机。[①]然而，针对上述批评有一点必须强调，那就是，不仅当危机是由一种新的货币因素直接引发的时候，与最初带来繁荣的因素不同，危机才会被视为受货币因素的制约。一旦货币因素导致整个经济体系的发展，即所谓的繁荣，那么，就已经产生了足够的力量，以确保当货币影响力停止发挥作用时，必然迟早会发生危机。因此，危机的"原因"是整个经济的失衡，这种失衡是由货币变化引起的，并可能通过一系列进一步的货币变化而维持一段更长的时期——这种失衡的起源只能用货币扰动来解释。

洛维教授反对商业周期货币理论的最重要论点——就目前大多数货币理论而言，这一论点无疑是正确的——将在稍后做更详细的讨论。下一章的唯一目的是要表明，这种周期不仅是由于

[①] 正如布尔夏特所坚持的那样（同前文所引，第124页），将这一分析建立在任何特定的利息理论（如庞巴维克的理论）之上并不重要；它同样符合所有现代利息理论。在假定的情况下，利率不能平衡未来的生产与现在的生产，与一般意义上解释利息的特殊形式无关，而与由于货币因素造成现行利率偏离均衡利率有关。

"垄断机构的错误措施"（正如洛维教授所假设的那样）①，而且其不断重演的原因在于"货币和信贷机制的内在必然性"。

7. 与货币价值变化无关的根本现象（如自然利率和货币利率之间的偏差）

在那些根本不受货币价值变化影响的现象中，我们必须首先把受货币影响而降低的利率效应包括在内，该效应必然导致资本品的过度生产。维克塞尔和米塞斯都正确地强调了这一因素在解释周期性现象中的决定重要性，因为，即使货币流通量的增加恰好足以防止价格水平下降，其效应也会发生。除此之外，还存在许多其他现象，这些现象使得货币经济（在货币供给量可变的经济体的意义上）不同于静态经济，因此，这对于真正理解商业周期的过程非常重要。米塞斯已经在一定程度上对它们进行了描述，但只有把特定价格关系与静态均衡价格体系相比的差异作为研究的中心主题，而不是把一般价格的变化作为中心主题，才能清楚地观察到这些现象。这类现象包括成本与销售价格之间关系的变化，以及随之引起的利润波动，米切尔教授和莱斯库雷教授尤其以此作为他们论述的出发点；加上莱德雷尔教授研究的收入分配的变化——这两种现象在他们的理论中取决于货币因素②，而

---

① "商业周期理论是如何实现的？"，《世界经济档案》，第24卷，1926年，第365及以下诸页。

② 从早先提到的莱德雷尔教授的分析可以看出，莱德雷尔教授本人也清楚地意识到这一点。其具体分析见《社会经济学概要》，第四卷，第一部分，第390—391页。

这两种现象都不能直接与货币的一般价值的变化联系起来。也许正是因为这个原因，这些理论的作者虽然完全认识到他们所描述的现象的货币起源，但却并没有用货币理论来表达他们的观点。虽然我们在这里不能试图表明这些现象在系统发展的商业周期理论中占有一席之地（一项真正涉及发展新理论的任务，对于我们目前的论证而言是不必要的），不难看出，所有这些问题都可以在逻辑上从一个最初的货币扰动中推断出来，[①]无论如何，我们在研究它们时都不得不做出这一假定。货币方法的特殊优势恰恰在于，通过从货币扰动出发，我们能够演绎地论证在商业周期过程中观察到的所有不同特征，从而保护自己免受诸如在前一章中提出的非货币理论反对意见的影响。它使我们有可能把经验性认识到的相互联系看作一个共同原因的必然结果，否则，这些彼此对抗的相互联系就会成为一种论证的各独立思路。

要使商业周期的所有实证观察到的特征都能在其框架内找到解释，在这样一个理论体系如此详细地建立起来之前，必须进行大量的理论工作。迄今为止，货币理论已经通过把研究限制在那些表现为货币的一般价值变化的货币变化上，过分地缩小了要解释的现象的范围。因此，它们避免在所有的多样性上显示出货币经济与静态经济的偏离。只有当货币经济理论本身——目前几乎仍然完全不存在——逐步发展起来时，周期性波动问题才能得到圆满地解决，其中包括详细讨论货币经济理论与纯易货经济假设

---

① 参见米塞斯关于货币价值变化的社会影响的论述：《货币和流通资金理论》，第178—200页。

下得出的均衡分析的所有方面的不同点。在我们能够确立商业周期理论之前,充分阐述这个理论表述的中间步骤是必不可少的,正如庞巴维克所说的那样:它经常被引用但几乎从未被铭记,其必须构成完整的社会经济理论的最后篇章。①在我看来,迈向这一理论的最重要的一步就是将货币理论从局限于讨论货币价值的限制中解放出来,该理论将包括在基本均衡理论的假定条件下货币增加所引起的所有新现象。

8. 建议的方法的优点;货币理论和非货币理论之间调和的可能性

然而,将货币价值问题从它目前在货币理论中的核心地位转移是紧迫而必要的,一旦完成了这项转移,我们就会发现自己能够与商业周期中最权威的非货币理论家达成共识;因为货币对"真实"经济过程的影响将更多自动地浮出水面,而货币理论将不再坚持认定商业周期现象对货币价值变化的直接依赖性——这一主张肯定是没有根据的。另一方面,一些非货币理论丝毫没有质疑它们所描述的过程对某些货币假设的依赖性;在这些情况下,现在出现的唯一冲突与这些假设的系统性表述有关。我们分析的任务应该是表明——为了系统的一致性——把货币因素置

---

① 这个表述出现在对E.v.伯格曼(E.v.Bergmann)的《国家经济危机理论史》(*Geschichte der Nationalökonomischen Krisentheorien*)的评述中。[《经济学、社会政策和管理杂志》(*Zeitschrift für Volkswirtschaft, Sozialpolitik und Verwaltung*),第七卷,1898年,第112页。]

于论述的中心是必要的,而且在某些理论中,构成论证的主要基础的各种"真实"的相互联系,只能作为初始货币影响的后果,在一个封闭的系统中找到其位置。在目前的研究状况下,几乎没有任何问题是关于:一个完全发展起来的货币理论的基本思想应该是什么?人们可以放弃维克塞尔-米塞斯理论中那些旨在解释货币一般价值变动的部分,而充分发展自然利率和货币利率之间的所有差异对资本品和消费品生产相对发展的影响——米塞斯教授已经详细阐述了这一理论。这样,人们可以通过纯粹演绎的方法,获得与斯皮特霍夫和卡塞尔已经从经验中推导出的更为现实的理论的周期性波动过程相同的图景。维克塞尔本人[①]提请注意将从他自己的理论推导出过程的方式与斯皮特霍夫的论述相协调;相反,斯皮特霍夫在前面引用过的一个声明中强调,他所描述的现象都受制于货币因素的变化。但只有把货币因素放在首位,斯皮特霍夫和卡塞尔等人的论述才能纳入理论经济学一般体系。最后具有决定性的重要一点是,货币起点的选择使我们能够同时推断所有其他现象,如相对价格和收入的变化,这些现象更多是由经验决定的,并被作为独立因素加以利用;因此,可以对它们之间存在的关系进行分类,并确定它们在理论框架内的相对地位和重要性。生产发展中的失衡现象得到了适当论证,已在更大程度上得到解决,相比之下这些现象距离被圆满地解释还很

[①] 《国民经济讲义》,第二卷,第238页;维克塞尔对卡塞尔教科书的评论——后来在德文译本《经济学、法律和行政学年鉴》(*Schmollers Jahrbuch für Volkswirtschaft, Gesetzgebung und Verwaltung*),第52卷,慕尼黑,1928年——中出现,表明,尽管维克塞尔有理由反对卡塞尔的一般体系,但他在很大程度上同意卡塞尔的商业周期理论。

远，但毫无疑问，将来有可能也把它们纳入关于货币扰动效应的自足理论（selfsufficient theory）。然而，尽管这些效应最终是由货币因素引起的，但它们并不属于狭义的货币理论范畴。一个成熟完善的商业周期理论应该彻底解决这些问题；但由于本书仅涉及货币理论本身，在接下来的章节中，我们将只研究在现有的货币和信贷组织体系下，商业周期的这些货币因素不可避免地重现的原因，以及在认识到货币所起的决定性作用后，今后的研究面临的主要问题是什么。

第四章 周期性波动的根本原因

1. 困难在于发现为什么"数据"的某些变化会导致系统偏离均衡

迄今为止,我们还没有回答——或者只是暗示了以下这个问题的答案:为什么在现有的经济体系组织下,我们不断发现货币利率偏离了均衡利率①?正如我们所看到的,这种偏离必定被视为生产结构周期性反复出现的不均衡现象的原因。那么,困难就在于发现现代经济体系反应机制中的缺口,正是这种缺口造成了这样一个事实,即某些数据的变化,到目前为止还没有引起迅速调整(即形成新均衡),实际上这是经济活动周期性变化的原因,而随后在新的均衡建立起来之前,必须对经济活动周期性变化加

---

① 在这种情况下,我认为K.施莱辛格(K.Schlesinger)在其《货币和信贷理论》(*Theorie der Geld-und Kreditwirtschaft*)(慕尼黑和莱比锡,1914年,第128页)中引入德国的术语"均衡利率"(equilibrium rate of interest),似乎比通常的"自然利率"(natural rate)或"真实利率"(real rate)更可取。马歇尔早在1887年就使用了"均衡水平"(equilibrium level)这个术语(参见《阿尔弗雷德·马歇尔的官方文件》,第130页)。也参见本书第五章。

以扭转。

前几章的分析表明,当我们的经济组织中能够发现均衡理论所描述的反应机制错位时,就应该可能将其(实际上应该是充分发展的商业周期理论的对象)演绎性地描述为扰动的一种必然影响——除了观察到的事件,还有经济事件过程中的所有偏差也都受到这种错位的制约。此外,还有证据表明,周期性波动的主要原因必须从货币数量的变化中寻找,这种变化无疑总是反复出现,而且货币数量发生的变化总是导致定价过程的扭曲,从而误导生产。因此,我们正在寻找的新要素,就存在于可供经济体系支配的货币数量的"弹性"中。正是这个要素的存在构成了商业周期出现的充分和必要条件。①

我们现在要研究的问题是,货币数量的弹性是否是我们目前货币和信贷体系的一个内在特征;在一定条件下,货币数量的变化及由此产生的自然利率与货币利率之间的差异是否必然会发生,或者可以说,这些变化是否是负责监管货币媒介数量的当局任意干预而引起的偶然现象的体现。现有的货币和信贷体系对某些数据变化的反应不同于我们在经济均衡理论基础上

---

① R.G.霍特里(R.G.Hawtrey)先生认为下列论点对于货币商业周期理论很重要:(1)某些货币和信贷变动是观察到的商业周期现象的必要和充分条件;(2)这些现象的周期性可以用纯粹的货币趋势来解释,这种货币趋势导致这些变动相继发生,并且分布在相当长的数年时间内。["商业周期的货币理论及其统计检验"("The Monetary Theory of the Trade Cycle and its Statistical Test"),《经济学季刊》,第41卷,第472页]霍特里先生的这个完全正确的定义,应该可以防止布尔夏特博士和洛维教授从货币影响到货币一般价值的变化考虑——布尔夏特博士和洛维教授在批评货币商业周期理论时明确地加入了这一点——而忽视受货币原因影响的分配过程的变化。

的预期，这是否是现有货币和信贷体系的内在必然性；或者，这些差异是否可以通过有关货币管理性质的特殊责任——即以一系列可称为"政治"责任的因素来解释？由于现有经济组织不可避免的特征，"信贷周期的反复出现是否取决于：货币媒介的变化是否是现有货币和信贷组织本身的必然要求"的问题，或者"这些变化是否只是由外部机构的特殊干预造成的"，以上问题的答案也将决定一个给定的商业周期理论将被归入哪一个被普遍接受的类别中。我们必须简要地讨论一下这一点，因为一种错误的分类——主要是货币理论倡导者的错误——在很大程度上造成了对货币理论的误解。

2.外生和内生货币理论

如果要理解商业周期的货币理论的现状，我们必须特别注意这些理论所依据的假设。目前，货币理论普遍被认为属于所谓的"外生"理论，即这些理论不是在经济现象本身的相互联系中，而是从外部干扰中寻找周期的起因。毫无疑问，现在讨论把一种理论归入某一特定类别的好处往往是浪费时间。但是，当将一种理论归于这一类还是另一类同时意味着对所讨论理论的有效性范围做出判断，分类问题就变得重要了。这无疑是今天非常普遍的内生理论和外生理论之间的划分——这种划分大约是20年前由M.布尼亚蒂安（M.Bouniatian）引入经济学文献的。[①]内生理论

[①] 《经济危机的理论和历史研究》(*Studien zur Theorie und Geschichte der Wirtschaftskrisen*)，慕尼黑，1908年，第3页。

144 在其证明过程中避免使用那些既不能纯粹由经济因素决定,也不能被视为我们经济体系的一般特征的假设,因而能够进行普遍证明。另一方面,外生理论是基于具体的论断,其正确性必须在每个单独的案例中分别被进行证明。与内生理论相比,外生理论处于某种劣势,因为在每一种情况下,外生理论都必须证明其结论所依据的假设是正确的。而内生理论如果在逻辑上合理,在某种意义上则可以声称具有普遍有效性。

现在,就大多数当代货币周期理论而言,它们的反对者对其进行的分类无疑是正确的,正如洛维①教授在讨论米塞斯教授和哈恩教授的理论时所做的那样,这些理论属于外生理论;因为它们始于银行方面的任意干预。这也许是这些理论的价值遭到普

145 遍怀疑的主要原因之一。为了得出结论,不得不求助于天外救星(deus ex machina)②——这种银行家采取的错误步骤,这样一种理论,难免有可能不可信。然而,米塞斯教授本人——他当然被认为是德国商业周期货币理论最受尊敬和最坚定的倡导者——在他的最新著作中,将商业周期的周期性出现归因于中央银行将货币利率压低至自然利率以下的普遍倾向,为其理论观点提供了充分的理由。③因此,商业周期货币理论的倡导者和反对者都一致

---

① 《德国商业周期理论的现状》(*Der gegenwärtige Stand der Konjunkturforschung in Deutschland*),第349页。

② 参见H.奈塞尔(H.Neisser)《货币的交换价值》(*Der Tauschwert des Geldes*),耶拿,1928年,第161页。

③ 在我看来,虽然米塞斯教授在分析货币利率偏离自然利率的影响方面,与维克塞尔的看法相比,取得了相当大的进展,但后者在解释这种偏离的起源方面做得更好。我们将在下面更详细地讨论维克塞尔的解释。

认为，这些解释最终属于外生理论，而非内生理论。然而，这并非货币起点的内在必要性，这一事实通过诸如维克塞尔等的各种较早期的商业周期理论毫无疑问的内生性质得到展现。但是，由于还存在着其他一些已经指出的缺陷，现代理论的外生特征是否为其本质的内在必然性这个问题仍然悬而未决。① 在我看来，货币商业周期理论的这种分类完全取决于这样一个事实，即把一个单独的、特别引人注目的案例视为常态；然而，事实上，为了介绍一种繁荣与危机交替出现的局面，并没有必要列举银行方面进行的干预。无视在经济发展过程中自动产生的自然利率与货币利率之间的差异，并强调这种差异是人为降低货币利率所引起的，这就使商业周期货币理论失去了一个最有力的论据。也就是说，它所描述的过程必然始终在现有的信贷组织下重复出现，因此它代表了经济体系中固有的一种趋势，而且，从最充分的意义上说，它是一种内生的理论。

论述中的一个明显不重要的差异导致人们得出这样一种看法，即货币理论可以称为内生观点。货币利率低于自然利率的情况，无论如何不一定源于银行故意降低利率。显然，利润预期的提高或储蓄率的降低显然会产生同样的效果，这可能推动"自然利率"（储蓄的需求和供给相等）高于之前的水平；虽然银行避免按比例提高利率，但会继续按以前的利率放贷，从而能够

---

① 以下两段中的一部分逐字复述了我在社会政策协会苏黎世大会上关于"信贷与商业周期"（Credit and the Trade Cycle）的讨论（参见《社会政策协会文集》，第175卷，第370—371页）。

满足的贷款需求比仅仅使用现有的储蓄可能满足的需求更大。在我看来，所引述的情况的决定性意义并不在于它可能是实践中最常见的情况，而在于它必然会在现有信贷组织下重演。

3. 从目前的观点来看，银行创造信贷是增加货币数量的三种可能途径中最重要的

货币流通量的增加是由于银行的任意干预，这一观点的根源在于，人们普遍认为发行银行是能够改变流通量的唯一或主导机构；并且这样做是出于自己的自由意志。但是，中央银行绝不是能够改变通货数量的唯一因素[①]；反过来，通货数量也在很大程度上取决于其他因素，尽管它们可以在很大程度上影响或弥补这些因素。总而言之，有三个因素可以调节一个国家内的通货的数量——由黄金流入和流出引起的现金数量的变化；中央银行纸币发行改变化；最后，在许多方面也是最重要的，是经常引起争议的其他银行"创造"存款。这些因素之间的相互关系自然是复杂的。

至于前两个因素的初始变化——即不受其他因素的变化所影

---

① 银行学派（the Banking School）的代表已经指出了这一事实，后来C.朱格拉尔（C.Juglar）也指出了这一事实[《外汇和发行自由》（*Du change et de la liberté d'émission*），巴黎，1868年，第三章，附注；以及《商业危机及其周期性回归》（*Des crises commerciales et leur retour périodique*），第2版，巴黎，1889年，第57页]。维克塞尔（《利息与价格》，第101页）也首先指出，银行的存款业务是流通货币数量"弹性"（elasticity）的首要成因。

响的变化——没什么可说的。已经有人指出,原则上,由于贸易量的增加而引起的现金数量的增加,也意味着货币利率的降低,从而引起生产结构的变化,这种变化虽然只是暂时的,但似乎是有利的。由此引起的货币利率偏差通常是否会大到足以引起实证可确定的幅度的波动,这看来一定很成问题。另一方面,根据法律或惯例,中央银行一定会维持纸币发行与持有现金之间的紧密联系,因此我们没有理由认为,只有中央银行才能提供最初的推动力。当然,与米塞斯教授一样,可以假定中央银行在通货膨胀主义意识形态的压力下,总是试图扩大信贷,从而为商业周期的新一轮上行提供动力,这种假设在很多情况下可能是正确的。信贷扩张受到特殊情况的制约,而这些情况并非总是存在;因此,信贷扩张引起的周期性波动并非我们信贷体系内在趋势的必然结果,因为消除这些特殊情况就会消除它们。但在决定支持这一特殊假设之前——它需要在每个周期的情况下分别给出自身证据——我们必须问一问,在我们信贷体系的其他部分,这种扩张是否可能不在某些条件下自动发生——没有必要对系统的任何部分做出任何功能不充分的特殊假设。在我看来,货币扩张的第三个因素——商业银行的"信贷创造"——似乎是正确的。

在科学文献中,特别是在德国,没有几个问题像"由于存款银行提供额外信贷而增加通货的可能性和重要性"这样如此不清晰。为了回答信贷创造是否是现有银行组织的一个通常性后果这个问题,我们不得不试图解释我们对存款银行这种信贷创造的方法和范围的设想。除了讨论创造信贷的可能性及其可扩展界限的基本问题外,我们还必须讨论对我们的进一步研究十分重要的两个特殊问题：即创造信贷的实际重要性是否如人们常常假定的那样取决于银行手段的某些惯例；以及第二，事实上是否有可能确定某一个给定的信贷发放是否相当于新创造的信贷。

如果在我们研究过程中能够证明银行向借款人收取的利率并没有根据经济数据的所有变化而迅速做出调整（如果流通中的货币数量保持不变的话它原本应该做出调整）——要么是因为银行信贷的供给在一定限度内根本上独立于储蓄供给的变化，要么是因为银行对保持银行信贷供给与储蓄供给的平衡没有特别的兴趣，而且是因为银行无论如何都不可能做到这一点——那么我们就可以证明，在现有的信贷组织下，货币波动必然不可避免地发生，而且必然体现我们经济体系的一个内在特征——这一特征值得我们进行最密切细致的研究。

4. 困惑主要源于未能对单个银行的可能性和对作为整体的银行业体系的可能性进行区分

目前在存款创造方面存在困惑的主要原因是，未能对单个银行的可能性与银行业体系的可能性之间做任何区分。[①]这与这样

[①] 由于不可能详尽无遗地讨论这个问题，因此提请注意有关这个主题的主要文献应该就足够了。据我所知，第一位明确指出"银行存款余额应与纸币流通量同等考虑"的作者是桑顿［参见他在银行限制委员会（the Committee on the Bank Restriction）面前的证词，1797年］。然而，更清晰的银行信贷创造理论的发展始于银行学派对货币学派的批评，并代表了前者对经济学的唯一正确贡献。正如T.E.格雷戈里

第四章 周期性波动的根本原因　　　　　77

一个事实有关：在德国，所有理论已从英国完全地继承过来，由 | 153
于银行业手段的差异，对任何一家银行施加的限制或许都没有那 | 154
么狭窄，因此，对整个银行业体系具有的一般可能性并没有得到
应有的重视。在德国，继哈特利·威瑟斯（Hartley Withers）先

（接上页）（T. E. Gregory）教授最近指出的那样［《图克和纽马奇的价格史导论》（*Introduction to Tooke and Newmarch's History of Prices*），伦敦，1928年，第11及以下诸页］，最初是詹姆斯·彭宁顿（James Pennington）提出了这个论点，首先是在T.特奥克（T.Teoke）写给格伦维尔（Grenville）勋爵的信的附录中，内容是关于恢复现金支付所产生的影响，更多的文献是R.托伦斯（R.Torrens）《写给墨尔本子爵的信》（*Letter to the Rt.Hon.Viscount Melbourne*）（1837年，伦敦），最后是T.图克（T.Tooke）《价格史》（*History of Prices*）（1838年）第三卷的附录。如果要追溯这一理论在19世纪的进一步发展，就必须特别注意麦克劳德［特别是参考他关于信贷的文章，《政治经济学词典》（*Dictionary of Political Economy*），伦敦，1863年］，C.F.邓巴（C.F.Dunbar）和F.费拉拉（F.Ferrara）的著作。现代发展遵循H.J.达文波特（H.J.Davenport）的论述［《企业经济学》（*The Economics of Enterprise*），纽约，1915年，第250页以下诸页］；尤其应该提到C.O.菲利普斯（C.O.Phillips）的《银行信贷》（*Bank Credit*），纽约，1920年［特别是第三章，"银行信贷的哲学"（"The Philosophy of Bank Credit"）］，W.F.克里克（W.F.Crick）［ "银行存款的起源"（"The Genesis of Bank Deposits"），《经济学刊》，第7卷，第20期，1927年6月］和R.G.罗德基（R.G.Rodkey）［《银行业务流程》（*The Banking Process*），纽约，1928］。除此以外，我们必须把以下论述包括在内：威瑟斯、费雪和霍特里的知名论著以及德语版维克塞尔（《利息与价格》，第101页）、阿道夫·韦伯（Adolf Weber）［《储蓄银行和投机银行》（*Depositenbanken und Spekulationsbanken*），第二版，1922年］，还有我们已经提到的米塞斯和哈恩的作品，G.哈伯勒尔（G.Haberler）关于后者（"哈恩的银行信贷经济理论"，《社会科学档案》，第57卷，1927年）的文章和奈塞尔的作品（《货币的交换价值》，耶拿，1928年）。

该理论受到了严厉的批评，尤其来自E.坎南（E.Cannan）教授、沃尔特·利夫（Walter Leaf），以及最近的R.赖施（R.Reisch）［ "银行理论中的'存款'传说"（"Die 'Deposit'-Legende in der Banktheorie"），《国民经济杂志》（*Zeitschrift für Nationalökonomie*），第一卷，1930年］的批评。

生广受欢迎的论述之后，人们最普遍接受的观点始于英国的银行业惯例，即（"透支"的情况除外）在客户实际使用借款之前，先将该笔借款的金额贷记入客户的账户。因为这样的假设，导致通货增加的过程相对容易调查，因此几乎从来没有争议。考虑到银行的现金状况，只要一家银行能够提供的贷款保存在经常账户上，就可以这样做——例如，在美国，银行发放贷款的一个常规条件是，借款人的经常账户金额不得低于所借款金额的一个相对较高的百分比①——当然，每一笔新的信贷发放都必须带来相应的存款增加和相应比例的现金储备减少。针对这些在正常业务过程中经常出现的"推定存款"（deduced deposits）（菲利普斯），银行自然只需保留一定比例的现金储备；因此，很明显，每家银行都可以根据公共支付引起的存款增加额，对超过存款增加额的数额给予新的贷款。

针对这种证明方法，人们有理由提出反对意见，认为虽然这种银行业务有导致信贷创造的可能性，但这种论点所假定的条件在欧洲大陆并不存在。有人一再强调，只要借款人不是被迫这样做，借款人就没有理由以较高的利率借款，只是为了以较低的利率存放这笔钱。②

---

① 参考菲利普斯，《银行信贷》，第50页。
② 赖施，"从理论和实践角度看信贷的经济意义"（"Die Wirtschaftliche Bedeutung des Kredites im Lichte von Theorie und Praxis"）[《奥地利银行和银行家协会的通讯》（Mitteilungen des Verbandes Österreichischen Banken und Bankiers），10周年，第2—3期，维也纳，1928年，第38页]，以及A.约尔（A.Jöhr）在社会政策协会苏黎世大会关于信贷和周期的口头报告（《社会政策协会文集》，第175卷，第311页）。

第四章　周期性波动的根本原因

如果创造信贷的可能性仅取决于借款人将其部分贷款暂时存入经常账户一段时间，那么欧洲大陆实际上不可能创造信贷；①即使在英国和美国，信贷创造的重要性也只是非常次要的。应当注意的是，这适用于借款人将借入款项支付到同一银行的另一个账户中的情况，这样就在不减少相关银行存款总额的情况下将这笔款项从一个账户转移到另一个账户。因此，我们没有必要单独讨论这个案例。

但是，在采用这一论点时，迄今为止，即使在盎格鲁-撒克逊国家，在当前银行业务过程中存款创造的最重要的过程被忽视了，而在欧洲大陆存款创造的唯一方式也完全没有被考虑在内。后者很容易被忽视，因为单个银行增加存款的能力是大量新增信贷的基础，只能通过上述假设来解释，而在整个银行业体系中，同样的过程是独立发生的。因此，在下文中，我们将探讨以现金支付的存款增加如何影响整个银行体系的放贷能力；从一个更适合欧洲大陆情况的假设开始，即授予的款项只有在借款人使用的时间和范围内才会记入借款人的账户。

5. 新增信贷的实际来源

我们可以像以前一样，从研究单个银行的程序开始。在这

---

① 显然是出于这个原因，正如布尼亚蒂安实际上假定的那样［参见他的文章"工业波动、银行信贷和商品价格"（"Industrielle Schwankungen, Bankkredit und Warenpreise"），《社会科学和社会政策档案》（*Archiv für Sozialwissenschaften und Sozialpolitik*），第58卷，图宾根，1927年，第463页］。

家银行，新存入一定数额的现金；我们假定，这笔金额相当于它以前存款总额的5%。如果银行的政策是为存款保留10%的准备金，那么这个比率现在已经被新的存款提高到14.3%，因此银行可以根据其政策发放新的贷款。如果我们进一步假设，它将新存款的90%重新贷出，而且所有这些资金立即被借款人使用（比如说，为了购买更多的原材料），那么现金与存款的比率再次下降到10%。只要银行不改变其政策，在这种情况下，甚至在它重新贷出全部新存款之前，其单独贷款能力已经耗尽。

然而，新存入一家银行的款项对整个银行体系的放贷能力的影响并没有因这笔交易而用尽。如果借款人使用信贷的方式不是将信贷迅速引向消费品（consumers' goods）市场，例如支付工资，而是将贷款用于购买原材料或半成品，然后假定以支票方式付款，卖方将把收到的款项交给自己的银行兑现，这笔款项记入他自己的账户。接下来其结果必然是，这家银行的结算部门（the clearing-house）的头寸正好因所转入的金额而得到改善，因而它从最初提供信贷的银行获得了等值的现金。因此，对于第二家银行而言，在发放信贷时产生该金额并存入其账户（如我们所记得的，占原始存款的90%），基于现金支付，在我们最初设想的银行有同样多的存款。因此，它将被视为新增贷款的基础，其使用方式与任何其他新存款一样。如果第二家银行也保留其存款的10%作为现金储备，那么它也能够贷出新存款的90%，只要这些金额只是从一家银行转到另一家银行，而不是以现金形式取出，同样的过程就会持续下去。由于每家银行的再贷款金额都是存入该银行金额的90%，从而导致一些其他银行的存款等量增加，原始存

第四章 周期性波动的根本原因

款将产生信贷额为 $0.9 + 0.9^2 + 0.9^3 + 0.9^4 + \cdots$ 乘以原始金额。由于这个收敛的无穷级数的总和为9，在极端情况下，银行将能够根据从外部来源流入的一定数量的现金，创造相当于这个数量9倍的信贷。当我们考虑到这个过程只能在最后一部分现金被要求用于10%的存款准备金才能停止时，这一点就变得很清楚了。

为简单起见，我们使用了一个无疑不确切的假设，但它对我们结论的影响，只涉及它减少了银行以10%的准备金率所能创造的新信贷的实际金额。它的遗漏不影响我们得出完好无损的基本结论；也就是说，他们可以提供比最初存入的金额多几倍的信贷额度。事实上，至少有一部分信贷，如果不是在第一次，那么在随后的情况下，也总是会以现金形式提取，而不是存入在其他银行。例如，如果总是重新存入70%的存款而不是90%，这笔钱被每家银行重新贷出，其余的用于现金交易，那么存款的增加将产生额外的信用额度，只相当于原来的 $0.7 + 0.7^2 + 0.7^3 + \cdots$ 倍数（即 $2\frac{1}{3}$ 倍）。只要授予的信贷的任何部分不以现金形式提取而是重新存入银行，银行就能够因其持有现金的每一次增加而创造金额多于或少于该数额的额外信贷。①这种信贷金字塔的存续期限仅限于第一次发放的信贷，除非（可以假定，只要没有从存款

---

① 在这样的假设下，银行现金持有量的增加可能会产生最大的信贷额度，通过将代表原始存款中被转借和转存到另一家银行的比例的系数插入表示收敛几何数列接近极限的数学公式，即 $1/(x-1)$，就很容易找到。其结果是一系列交易中产生的信贷总额，包括原始存款；为了得出新增信贷数额，必须从结果中减去1。因此，我们很容易看到，即使第一家银行重新借出的90%中只有1/9，或者原始存款的10%，被重新存入另一家银行——并且重复这个过程，新增的信贷金额将达到原始存款的0.111倍。

中提款）这种信贷立即被新的信贷所取代。然而，如果银行体系的任何部分存款意外减少，这一过程将会被逆转，而最初存款的减少将会导致超过提取金额的信贷相应收缩。①

在这方面，我们必须注意到一个在以后要进一步强调的事实，即授予的贷款转入其他账户的比例——不是以现金支付——必须被视为受到特定时刻不同个体之间以及整个经济体系不同时期之间非常广泛的波动的影响。我们稍后再讨论这一事实的重要性。

以上所述应该足以表明，在存款数额之外创造更多信贷——在欧洲大陆的银行业条件下，在任何一家单个银行是不可能的——在相当大的程度上在国家的整个银行系统是可能的。单个银行无法完成整个银行系统自动完成的工作，这一事实也解释了另一种情况，否则这种情况很容易被视为不可能创造更多信贷的证据。如果每家银行都可以把存款的数倍重新贷出，那么就没有理由反对银行提供比实际高得多的存款利率，或者，特别是在现行的中央银行贴现率下，银行以再贴现的方式获得无限量的现金；因为它只需要向客户收取银行所收取利率的一小部分，就可以让企业付款。一旦人们意识到单个银行增加存款只会为整个银行体系创造信贷提供可能性，理论与实践之间的这种明显矛盾就会得到澄清。但是，这种情况比仅仅解决这个难题更为重要。

---

① 关于这个问题，以及存款从一家银行转移到另一家银行的引人关注的影响，参见菲利普斯的更详细的论述，《银行信贷》，第64页及以下诸页；并参见克里克先生的评论，"银行存款的起源"，《经济学刊》，第7卷，第20期，第196页。

6. 银行家任意创造信贷的可能性被排除了，因为在个别情况下，无法区分通过现金支付产生的存款和通过信贷产生的存款

由于建立在新增存款基础上的信贷通常不会出现在授予信贷的同一家银行的账户中，因此，在个别情况下，根本无法区分"通过现金支付产生的存款和那些源自信贷的存款"。[①]但是，这种考虑先验地排除了银行家将他们授予的信贷额度限制在"真实"累积存款——即那些来自暂时闲置未使用货币融通所产生的存款——的可能性。同样的事实使我们能够理解，为什么通常只有那些既是经济学家又是务实的银行家的人，在任何情况下都最不愿意承认自己有能力创造信贷。[②]"银行家根本没有注意到，通过这个过程，流通中的货币数量有所增加。"[③]一旦动力被注入银

[①] 值得称赞的是，奈塞尔（《货币的交换价值》，第53页）澄清了一个站不住脚的概念，该概念最近被一个权威人物熊彼特教授支持（《经济发展理论》，慕尼黑和莱比锡，第二版，1926年，第144页）。

[②] 参见，例如，威斯敏斯特（Westminster）银行已故董事长利夫在其著作《银行业》(*Banking*)（家园大学图书馆，伦敦，1926年）中，或约尔和德恩堡在苏黎世会议上关于商业周期的辩论（《社会政策协会文集》，第175卷，1929年，第311和329页）。这些论点被另一位"务实"的银行家施莱辛格完美正确地回答了（《货币和信贷理论》，第355页）。而哈恩教授却犯了相反的错误。赖施教授的观点将在后面讨论。

[③] 奈塞尔，《货币的交换价值》，第54页。他非常实事求是地接着说："支票存款代表货币，而不足以被100%的现金支付覆盖，这一事实本身就已经解释了银行信贷创造货币的本质。"

行体系的任何部分，仅仅遵循银行业的常规手段就会导致增加存款创造，而不可能在任何时候决定是否应将任何特定的信贷适当地视为"新增的"。每次存入的货币被重新借出——只要不阻止存款人将其存款用于付款——这个过程就被视为创造了新增的购买力，而正是这个相对简单的操作，从根本上造就了银行创造购买力的能力——然而这个过程对许多人来说显得如此神秘。因此，银行根本没有必要像B.德恩堡（B.Dernburg）博士所设想的那样，以"不正当或肆意的方式"发放这些贷款。

当然，银行家是否或一定可以按照自己的自由意志创造新增信贷，完全是另一个问题。对这种新增信贷理论的反对意见，是针对银行"按照自己的意愿"创造信贷的说法，尽管在给定的利率下仍然适用，但这对我们分析所需要的那部分理论没有丝毫影响。例如，如果赖施教授强调，银行存款通常只是"根据业务需要"而增加，①或者布尼亚蒂安教授反驳，"存款并不取决于银行，而是取决于商业和工业的需求，银行扩大信贷的程度"，②那么，这些一样来自银行信贷理论的反对者的论断，已经包含了对信贷周期重现的必然性进行演绎性证明所需的一切。我们感兴趣的问题正是银行是否能够满足商人对信贷日益增加的需求，而不必立即提高他们的利息费用——如果储蓄的供应与信贷的需求在没有银行代理的情况下直接联系（例如在假设的"储蓄市场"理论

---

① "从理论和实践角度看信贷的经济意义"，《奥地利银行和银行家协会的通讯》，10周年，第2—3期，第39页。

② "工业波动、银行信贷和商品价格"《社会科学和社会政策档案》，第58卷，第465页。

中），或者银行是否有可能在信贷需求增加时立即提高利息费用。即使是这一银行信贷理论最激烈的反对者也不得不承认,"毫无疑问，随着商业周期处于上升期，银行信贷会出现一定程度的扩张"。①

然而，我们绝不能满足于就此达成普遍的一致意见。在继续分析这种现象的后果之前，我们必须问一问，导致银行在繁荣时期通过新增信贷来增加存款，从而暂时推迟本来必然会发生的利率上升的原因，是否是金融体系固有的本质。

7. 银行对信贷需求增长的反应

迄今为止，我们有关新增信贷来源的论点的出发点一直是假设银行得到了增加的现金流入，然后将其作为更大规模的新信贷的基础。我们现在必须探究的是，当人们感受到信贷需求增加时，银行会如何反应。最好假设这种增加的需求不是由于他们自己的利率降低引起的，那么这种新增的需求总是自然利率已经上升的信号——也就是说，给定数量的货币现在可以找到比以往更有利可图的使用机会。造成这种情况的原因可能非常不同。②新

---

① 德恩堡，《社会政策协会文集》，第175卷，第329页。他只是补充说，即银行和中央银行应该确保这种扩张"井然有序"！

② 霍特里非常正确地评论道:"各种各样的原因。"[《贸易与信贷》(*Trade and Credit*)，伦敦，1928年，第175页]。

的发明或发现，新的市场的开拓，甚至是歉收，① 创造了"新的组合"（熊彼特）的天才企业家的出现，由于大量移民导致工资水平的下降，还有由于自然灾害造成的巨量资本的损毁或许多其他原因。我们已经看到，这些原因本身都不足以解释投资活动的过度增长，这必然引发随后的一场危机；但他们只能通过增加他们开创的信贷手段来达到这一结果。

但是，在需求增加之后，当没有额外的现金流入银行的金库时，银行怎么可能扩大信贷呢？而他们无疑是扩大了信贷的。我们没有理由认为，导致信贷需求增加的同一原因也会影响另一个因素，即银行的现金状况——正如我们所知，现金状况是决定信贷发放程度的唯一因素。② 只要银行的现金准备金与存款之间保持恒定的比例，就不可能满足新的信贷需求。事实上，在经济繁荣期间，存款确实总是相对于现金准备金而增加，以致银行的流动性总是在这段时期受到削弱，这一事实当然不足以成为一个论证的充分基础，即信贷的增加被视为确定周期性运动的进程和程度的这一决定性因素。我们必须尝试充分理解这种信贷扩张的原因和性质，尤其是其局限性。

---

① 关于（农业）收成对商业周期的影响，参见 V. P. 季莫申科（V. P. Timoshenko）各种相互矛盾的理论的实用汇编，"农业波动在商业周期中的作用"（"The Role of Agricultural Fluctuations in The Business Cycle"）[《密歇根商业研究》（*Michigan Business Studies*），第二卷，第9期，1930年]。

② 当然，生产和盈利条件的改善也有可能间接导致流向银行的现金增加，因为可以预期来自国外的投资基金流入以及财政支付资金流的增加。但首先，只能在繁荣相对较晚的阶段才能预期现金流量的增加，因此很难解释后者的起源；其次，这种解释只能适用于单个国家，而不适用于全球经济或封闭体系。

第四章 周期性波动的根本原因

只能在这样一个事实中找到该问题的关键,即准备金与存款的比率并不呈现一个恒定值(常数),而经验表明,准备金与存款的比率本身是可变的。但是,我们只有通过证明准备金与存款的比率变动的原因并非基于银行家的任意决定,而是受到总体经济形势的制约,才能获得圆满的解答。由于我们先前对存款准备金率总是趋于恒定的假定,并无理论根据,因此,研究确定银行所要求的存款准备金率大小的因素就更为重要。

我们的研究最好还是从再次考虑单个银行的情况开始,并询问当客户的信贷需求因业务状况的全面改善而增加时,银行经理将如何反应。①原因很快就会清楚了,我们必须假设所考虑的银行是最先感受到新的工业信贷要求的,因为,比方说,它的客户正是来自那些最先感受到新的经济复苏影响的行业。在确定银行授予贷款数额的因素中,只有一个因素发生了变化;而以前,在相同的利率和相同的担保下,没有新的借款人出现,而现在,在同样的借款条件下,可以发放更多的贷款。另一方面,银行的现金持有量保持不变。然而,这并不意味着确定发放贷款数量的流动性考量将立刻导致以下情况——即新贷款只能以低于已发放贷款的利率或其次级抵押品的形式发放——相同的结果。最后,在这方面,我们必须指出,为简单起见,迄今为止我们拥有的构成银行流动准备金的现金余额,绝不是完

---

① 克里克先生对一家银行的经理在决定银行的信贷政策时所面临的问题进行了非常精辟的分析,"银行存款的起源",《经济学刊》,第7卷,第20期,第197页及以下诸页。

全由现金组成的,甚至不是一个恒定的数额,与它们有可能获得的利润数额无关。在必要时,可能不得不通过中央银行的票据再贴现来补充准备金[①];或者为了纠正结算部门的逆差余额,可能不得不以一定的利率借入按日结算的货币,当能不降低利率而扩大贷款时,这种不一致远远小于需要降低利率扩大贷款时的不一致。但是,即使不考虑这种可能性,并假定银行认识到它只能以相应的较高利率来满足其最终的现金需求,我们可以看到,保持现金储备原封不动所造成的更大利润损失,通常会引导银行接受一项涉及减少这种非盈利资产规模的政策。除此之外,我们认为,在周期的上行阶段,借贷的风险较小;因此,较少的现金准备可能足以保障同等程度的安全性。但最重要的是,由于竞争的原因,首先发觉信贷需求增加影响的银行无法通过提高利息来应对,因为它可能面临一种风险——即其最好的客户流失到其他尚未经历类似信贷需求增长的银行。因此,毫无疑问,最先感受到新信贷需求影响的银行将被迫满足这些需求,甚至是以减小流动性为代价。

8. 信贷扩张的过程及其停止

但是,一旦一家银行或一组银行开始扩张,那么如前所述,

[①] 关于这一点,参见 J.S.劳伦斯(J.S.Lawrence)的文章"借款储备和银行扩张"("Borrowed Reserves and Bank Expansion")(《经济学季刊》,第42卷,剑桥,麻省,1928年),其中菲利普斯先生的上述论述受到了广泛批评;还有F.A.布拉德福德(F.A.Bradford)先生的反驳,以相同的标题发表在同一杂志的第四十三卷。

其他所有银行就会收到一笔现金流，使它们能够在不损害流动性的情况下，首先扩大自己账户上的信贷的规模。它们更容易利用这种可能性，因为它们很快就会感受到信贷需求的增加。然而，一旦扩张的过程变得普遍起来，银行很快就会意识到，至少就目前而言，它们都可以安全地修改自己对流动性的计划。虽然一家银行的扩张很快就会使其结算部门面临与最初的新增信贷几乎同等规模的赤字，但所有银行以大致相同的速度进行的全面扩张将引起结算部门债务申索，这种申索虽然规模较大，但主要是相互偿付，因此只会造成相对不重要的现金流失。如果一家银行一开始没有跟上扩张的步伐，它迟早会被促使这样做，因为只要它不进行自我调整以适应新的流动性标准，其结算部门就会继续接受现金。

只要这一过程继续下去，实际上任何一家银行几乎不可能单独行动，采取唯一的控制措施，使信贷需求从长远来看成功地保持在一定范围内，也就是增加利息收费。只有当企业对现金需求的增加迫使银行通过遏制进一步的信贷扩张来保护其现金余额，或者当中央银行先于它们提高其贴现率时，才能采取一致的行动，而出于竞争的原因，这是唯一可能采取的行动。通常，这种情况只有现金日益枯竭促使银行提高再贴现率时才会发生。此外，经验表明，随着经济迈向繁荣，支票支付和现金支付相比，变得更有利于后者，因此最终从银行提取的现金比例会有所增加。①

---

① 参见众所周知的美国联邦储备委员会第十次1923年度报告（华盛顿，1924年）第25页所载的陈述："这是通常的顺序——存款增加，然后货币增加。通常，商业活动增加对银行头寸的第一个影响是贷款和存款的增加。然后，随着商业活动的增加、劳动力的充分就业和工资总额的增加，需要增加实际零用钱，以支持微观层面上增加的工资支出和采购量。"

这种现象在理论上很容易通过这样的事实予以解释，即低利率首先使资本品的价格提高，然后才使消费品的价格提高，因此首先增长的是大宗支付。① 它可能导致的后果是，银行不仅无法发放新的信贷，而且甚至被迫减少已经发放的信贷。这一事实很可能会加剧危机，但绝不是导致危机的必要条件。为此，银行应该停止扩大信贷规模就足够了，而且这种情况迟早会发生。只有当通货的数量不断增加的情况下，货币利率才能保持在均衡利率以下；一旦通货数量停止增加，尽管货币流通总量增加了，但货币利率必须再次上升至其自然水平，从而使那些借助新增信贷创造的投资（至少暂时）无利可图。②

9. 通货数量的弹性是周期性波动的充分原因

对于构成"商业周期新增信贷理论"基础的论断，已在前文中尝试加以证明，但实际上从未受到过严肃的质疑；但几乎没有人试图探究这一事态指向的所有令人不快的后果。然而，当银行信贷的有益影响受到推崇，但由于银行的活动，信贷需求增加，随之而来的是信贷供给的更大幅的增加，其增加幅度超过当时

---

① 奈塞尔（《货币的交换价值》，第162页）对此表示怀疑，但他的批评源于对过低的货币利率的影响把握不足。但是，即使他在这一点上是正确的，货币商业周期理论的论点将不会受到影响，因为正如正文中所示，后者并不依赖于这一假设来证明自己。

② 我们无须停下来研究通货持续增加的情况，因为只有在自由纸币标准下才会出现这种情况。

储蓄供给能保证的范围,这意味着什么呢?它为企业提供的途径是严格按照不同经济主体的选择无法提供的,如果不是因为这一事实,信贷经常被推崇的成效还能在哪里?银行为响应需求增加而创造更多的信贷,从而使生产有了改善和扩大的新可能,银行要确保生产设备扩张的动力不会像储蓄流增加缓慢限制发展时那样,而且直接遇到利率上升这一无法克服的阻碍。但是,同样的政策使系统的各个部分保持均衡的自动调整机制变得迟钝,并使不均衡的发展成为可能,这种发展迟早必然引起反应。

一个经济体系的信贷供给弹性不仅是普遍需要的,而且作为信贷体系组织不得不适应这一需要的结果——它的存在也是一个不可否认的事实,其必要性或优势在此不予讨论。① 但有一点我们必须非常清楚。在许多情况下,具有弹性货币的经济体系对外部影响的反应,与经济力量全力冲击商品(没有任何中介)的经济体系截然不同;而且,我们必须先验地预期,在这样一个经济体中,任何由外部推动启动的过程,都将与只需要考虑源自商品方面的变化的理论所描述的过程完全不同。一旦由于货币的扰动性影响,即使单一的价格也被固定在一个不同于它在易货经济中可能形成的价格水平上,整个生产结构的转变就不可避免;而只要我们运用静态理论和与之相适应的方法,这种转变就只能被解释为货币特殊影响独有的结果。根据工业的"要求"调整货币数量的直接后果是,"利息制动"不能像在没有信贷的经济体中那

---

① 参考维克塞尔《利息与价格》,第101页,"货币体系的弹性越大,两种利率之间大约恒定的差异的持续时间就越长,因此,这种差异对价格的影响也就越大"。

样迅速地发挥作用。然而，这意味着进行比能够完成的规模更大的新调整；因此，繁荣成为可能，同时不可避免地反复出现"危机"。因此，实际上，周期性波动的决定性原因应归结为流通媒介数量的弹性，在此情况下，银行所要求的利率并不一定总是等于均衡利率，而是在短期内，由对银行流动性的考量所决定。①

---

① 在之前的著作[《美国的货币政策》(*Die Währungspolitik der Vereinigten Staaten*)，第260页]，我已经讨论了银行信贷的弹性是周期性波动的原因。F.A.费特（F.A.Fetter）教授在一篇非常有趣的文章"利息理论和价格变动"("Interest Theories and Price Movements")中也提到这一至关重要的观点[《美国经济评论》(*American Economic Review*)，第17卷，增刊，1927年3月；特别参见第95及以下诸页]。当然，费特教授也受到流行教条的影响，这种教条认为，稳定的价格水平的存在足以证明不存在任何货币影响。其论点的关键部分没有在近期的货币文献中得到应有关注，这里转载如下：

以上介绍的是与价格相关的银行贷款的扩张和收缩的极端情况，但原则上，影响商业贷款数量、贴现率和准备金比率的银行贷款政策的微小变化是同一性质的。它们引起并形成了交换媒介和商品购买力的通货膨胀与通货紧缩，并非源于标准货币的数量，而是源于银行贷款资金的弹性。长期以来，人们在讨论银行政策时，一直使用"弹性"这个词来描述银行纸币发行和客户信贷方面一种被认为完全可取的品质，但对于银行贷款应扩大和收缩所参照的建议——关于说明有何需要、标准或手段——却只是模糊的。"相反，更确切地说，这种默认的假设是，银行贷款资金应该具有弹性以灵活应对'商业需求'。但是，'商业需求'似乎无非是客户对贷款迫切需求的另一种变相的说法；这种迫切需求在价格开始上涨或预期上涨时增加，而且往往在价格上涨时继续积聚动力，直到由于存款准备金百分比（和其他因素）的消失，这种弹性的极限和价格上涨的极限出现为止。在这种情况下，最保守的商业活动与投资投机因素混杂在一起，这些因素受到价格上涨的驱动，并希望通过进一步上涨获得利润。在整个过程中，备受推崇的银行资金弹性正是导致或使价格上涨成为可能的条件，而价格上涨刺激了所谓的"商业需求"。这真是一个恶性循环，只有当银行贷款达到极限，价格下跌时，危机和崩溃才能打破这个恶性循环。（着重号标注部分）

此外，应该指出，我们的理论和霍特里先生的著名论文之间的联系。"只要信贷是参照准备金比例来调节的，商业周期就一定会重演"[《货币重建》(*Monetary*

本研究所提出的主要问题就这样得到了回答。一个包含商业周期所有现象的演绎性论证需要进行广泛的逻辑研究，这完全超出了本书的范围，其目的仅仅是阐述商业周期理论的货币基础。就目前而言，我们必须满足于参考有关这一主题的现有文献。①在目前的研究中，我们只能从我们先前的论证中得出一些结论，有的是关于实际政策的，有的是关于进一步的科学研究的。然而，在继续讨论这一问题之前，我们将冒昧地对以下问题做一些评论：我们的研究结果是否通过赞成商业周期理论的支持者明确解决了该理论的支持者和反对者之间的争议。

10. 从商业周期理论的角度分析货币影响的重要性

首先，必须强调的是，在一个静态经济中，并没有必然的理由认为初始变化的原因——即在静态经济中引起周期性波动的初

（接上页）*Reconstruction*），第二版，伦敦，1926年，第135页] 这个观点无疑是正确的，尽管可能在某种意义上与作者的意图有所不同；因为完全从流动性观点的角度对这一贷款数额的调整，绝不可能使贷款利率迅速调整至均衡利率的变化，因此，一旦（按一定利率）信贷需求超过储蓄积累，也就是说，当自然利率已经上升时，就不得不提供短暂的创造额外信贷的机会。最后，参见罗普克教授的评论，"信贷与经济"，《国民经济与统计年鉴》，第274页。

① 除了米塞斯教授的《货币和流通资金理论》外，我们还必须提到巴奇的《理论国民经济学概论》（耶拿，1925年）的最后一章，以及R.施特里格尔（R.Strigl）教授的文章"在信贷扩张影响下的生产"（"Die Produktion unter dem Einfluss einer Kreditexpansion"），其载于《社会政策协会文集》第173—ii卷（慕尼黑和莱比锡，1928年），该卷聚焦于商业周期理论和商业研究，已被前文反复引用。写完上述内容后，我已经尝试在《价格与生产》（伦敦，1931年）中对这些现象进行进一步的分析。

始扰动——是源于货币。实际上,在一般情况下也并非源于此。最初的变化根本不必有特定的性质,它可以是在任何时候可能增加任何一批企业盈利能力的千百个不同因素中的任何一个。其原因不是发生意义重大的"数据变化",而事实是经济体系没有对这种变化做出反应而立即"调整"(熊彼特)——即形成新的均衡——从而开始了一场特殊的"繁荣"运动,这种"繁荣"本身包含着必然发生的反应的根源。正如我们所看到的,这种现象无疑应归因于货币因素,特别是"新增信贷",这也必然决定了周期性波动的程度和持续时间。一旦在这一点上达成共识,我们是否将这种对商业周期的解释贴上货币理论的标签自然就变得相当的无关紧要了。重要的是要认识到,我们必须将商业周期中定价过程与静态理论中的演绎过程的差异归因于货币原因。

从我们开始的特定观点来看,必须极为明确地把我们的理论看作一种货币理论。至于将商业周期理论纳入静态均衡理论的一般框架(对于该理论的明确确立,我们要感谢洛维教授,即便他是货币商业周期理论最强烈的反对者之一),与他的观点相反,我们必须坚持认为,不仅我们自己的理论无疑是货币理论,而且货币以外的理论几乎是不可想象的。① 我们必须承认,我们提出的货币理论——无论人们是否愿意称它为货币理论,也无论人们是否认为它能充分地解释经验决定的波动,它都具有一个明确的优点:因为无论如何,其讨论了当经济分析的中心机制被运用于

---

① 参见我的报告:"论货币因素对商业周期的影响"(《社会政策协会文集》,第173—ii卷,第362及以下诸页)。

第四章 周期性波动的根本原因

解释现有的交易组织时必须讨论的问题，它们是必然要被考虑到的。即使我们从未注意到周期性的波动，即使历史上所有的实际波动都被认为是自然事件的结果，对我们现有信贷组织的特殊运作所产生的影响进行的相应分析必然会表明，货币因素引起的波动是不可避免的。

当然，如果没有其他因素强化，这些货币波动是否会达到我们在历史周期中所观察到的程度和持续时间，则是另一个完全不同的问题；或者在没有这些补充因素的情况下，货币波动是否会比实际情况更加微弱和不那么剧烈。也许经验观察到的周期性波动的强度实际上只是由于外部环境的周期性变化，例如气候的短期变化，或主观数据的变化（例如天才企业家的突然出现），或许单个周期性波动之间的间隔可能是由于某种自然规律。① 无论引用何种进一步的假设因素来解释经验观察到的波动过程，如果没有把货币影响作为对波动归因的因素，现代经济体系无疑是无法构想的（这是货币商业周期理论的重要和不可或缺的贡献）；因此，任何其他因素，对解释经验观察到的现象可能是必要的，但都将不得不被视为货币因素之外的附加因素。换言之，任何非货币商业周期理论都必须将其解释体系叠加在货币决定的波动之上；它不能简单地从纯均衡理论所提出的静态系统出发。

然而，一旦承认这一点，商业周期的货币理论是否正确的问题无论如何必须以一种不同的形式提出。因为，如果货币理论

---

① 从现在开始到本部分结束，我将逐字逐句地介绍我在社会政策协会苏黎世大会的讨论（《社会政策协会文集》，第173—ii卷，第372及以下诸页）。

所描述的相互联系的正确性是毋庸置疑的，那么仍然存在的问题是，它是否也足以解释在商业周期过程中以经验观察到的所有现象；也许还需要加以补充，以使其成为一种适合解释现代经济体系运行的工具。然而，在我看来，我们在能够成功解决这个问题之前，应该确切地知道以经验观察到的波动有多少是由货币因素造成的，而货币因素实际上总是在发挥作用，因此我们必须详尽地研究货币波动的理论。从方法论上讲，在确定货币因素究竟在多大范围和多大程度上起作用之前，我们几乎不可能去寻找我们可以推测其存在的其他原因。我们有责任在细节上弄清我们所知道的那些扰动因素所产生的必然后果，并在试图纳入任何其他可能发挥作用的因素之前，使这一思路成为我们逻辑体系的一个明确的部分。

11. 政策影响

货币媒介供给的"弹性"来自现有的货币结构，这一点简单明了而无可争辩，这种"弹性"为整个经济的波动的产生和反复提供了充分理由这一事实是至关重要的，因为这意味着，在实践中所能设想的任何措施都无法完全抑制这些波动。

特别是，从商业周期货币理论的观点来看，期望周期性波动伴随着稳定的价格水平而完全消失是毫无道理的——洛维[①]

[①] "论货币因素对商业周期的影响"，《社会政策协会文集》，第173卷，第二部分，第369页。

第四章 周期性波动的根本原因

教授似乎认为这一信念是商业周期货币理论的必然结果。罗普克教授强调的事实无疑是正确的:"即使稳定的价格水平能够成功地施加于资本主义经济,造成周期性波动的原因也不会被消除。"① 但要认识到这一点,正如前面的论证所表明的那样,绝不是"等同于悉数否决货币商业周期理论"。② 相反,在这种观点上,我们必须把罗普克教授的理论(他的理论在更重要的方面与我们自己的理论相一致③)视为它本身就构成了全部的货币商业周期理论。

一旦认识到这一点,我们也可以看到,用"罪责"来阐述周期性波动的因果问题,并将银行作为引起经济发展波动的"罪魁祸首"来单独列出是多么荒谬。④ 从来没有人要求银行采取一种除我们所见到的会引起周期性波动的政策之外的政策;它们也没有能力消除这种波动,因为这种波动并非源于它们的政策,而是源于现代信贷组织的本质。只要我们利用银行信贷作为促进经济发展的手段,我们就不得不忍受由此产生的商业周期。从某种意义上说,它们是我们为了这种比人们自愿通过储蓄实现的速度更快的发展速度而付出的代价,因此这些储蓄不得不从银行身上挤出。即使认为我们能够以这种方式克服妨碍进步的所有障碍是错误的——正如一再发生的危机所证明的那样——但至少可以想

---

① "信贷与经济",《国民经济与统计年鉴》,第3系列,第69卷,第265页。
② 同上,第278页。
③ 同上,特别是第274及以下诸页。
④ 正如巴奇教授似乎倾向于做的那样(《理论国民经济学概论》,第216页)。他在其他方面的论述与我们基本一致。

正如最近的英文文献①反复强调的那样，如果有可能，使银行存款总额保持完全稳定，这将是摆脱周期性波动的唯一手段。在我们看来，这似乎是纯粹的乌托邦。这将需要完全废除所有的银行货币——即纸币和支票——并将银行的角色降为从事储蓄交易的经纪人。但是，即使我们假设这种情况的基本可能性，如果许多人清楚其后果，他们是否希望将其付诸实施仍然是非常不确定的。经济体系的稳定将以抑制经济发展为代价。利率将保持高于现有系统所维持的水平（因为一般而言，即使在经济萧条时期，也会发生一些信贷扩张）②。利用新发明和"实现新的组合"将会变得更加困难，因此，对进步的心理激励将会消失，其重要性不能纯粹从经济学的角度来判断。可以毫不夸张地说，在目前公众的经济学的启蒙状态下，不仅不可能实施这样的计划，甚至其理论依据也是值得怀疑的。

关于我们对银行商业周期政策的分析的实际意义，从这一分析中可以得出的结论是，银行家必须仔细权衡扩大信贷规模的相对利弊，并把目前相当普遍的需求考虑在内，尽早对信贷扩张进行抑制。但是，在这些方面所能达到的最大的限度只是缓解，而不是消除商业周期。除此之外，尽量减少破坏的唯一办法是对经

---

① 霍特里先生的某些言论似乎指出了这一点，特别是《货币重建》，第121页。

② 参见庇古教授《工业波动》，第二版，第145页："在经济不景气的时候，银行不会将流向商人的新的实际资本数量减少到如果没有银行时的水平以下，而只是增加到比经济景气时期更小的程度。"

济体系进行广泛的调整，使其适应公认的周期性波动的存在方式；为此，最重要的条件是深入了解商业周期的本质，并了解其在任何特定时刻的实际状态。①

---

① 在这方面，除了实证研究外，应最大限度地考虑莫根施特恩（"定性和定量的商业周期研究"，《政治学全领域期刊》，第84卷，第123及以下诸页）提出的加强对公司发展的宣传的请求。

第五章　商业周期理论有待解决的问题

1. 有效货币流通量的所有变化都必然涉及不同于能从静态理论命题直接演绎出来的变动

关于货币对经济现象的影响这一最重要而突出的问题，（在第三章第4和6节）已经讲了很多，这里只需要做一个简短的补充。关于狭义的货币理论问题，我的论述可能主要限于上面所说的内容，因为我希望在别处发表关于这个问题的一项独立研究结果。[①]然而，可以冒昧地讲几句，仅仅作为对已论述的内容进行的总结，在这一过程中，我们将提及许多其他重要问题。我们的研究所得到的一个最重要的结果是，必须掌握这样一个基本事实，即我们无权假设一个具有"弹性"货币的经济体系会呈现出那些可以立即从静态理论命题中演绎出来的变动。相反，可以预

---

① 参见"跨期价格均衡和货币价值变动"，《世界经济档案》，1928年；尤其是《价格与生产》，伦敦，1931年，在那里我试图阐述本章中所涉及的一些观点。

料的是，会出现在该理论通常假设的条件下不可能发生的变动。尤其重要的是要认识到，无论货币数量的变化是否也会影响所谓的"货币一般价值"的变化，这一命题都是正确的。随着"货币只有在货币价值（以一种价格水平衡量）发生变化时才能对经济活动产生积极影响"这一观念的消失，货币的一般价值是货币理论的唯一解释对象这种观点一定是站不住脚的。今后，必须以分析货币对经济发展过程的所有影响来取代货币一般价值的地位。因此，有效货币流通量的所有变化，且只有这样的变化，才会被视为能够产生"货币影响"的经济数据变化。

因此，货币理论的下一个任务是系统地考察货币数量变化的影响。在这一过程中，将不可避免地考虑那些不具有均衡关系的持久性的联系。然而，所有这些结果（为了避免误解，必须强调这一点）都将借助于静态分析的方法来实现，因为这是经济理论唯一可用的工具。唯一不同的是，这些方法将被应用于一系列全新的情况中，迄今为止，这些情况从未得到应有的重视。至关重要的是，这样的研究应该保持清晰的概念——即调整货币供给量以适应"货币需求"的变化，是均衡理论所提出的系统均衡过程平稳运行的根本条件。①它必须始终从这样的假设出发：无论经济活动范围的实际变化如何，只有在货币的有效数量保持不变的情况下，自然的决定因素才会完全发挥它们的作用。

---

① 这一观念基于对货币需求和现金需求之间的混淆，现金需求即为货币总量中在任何特定时刻以现金形式使用的那一部分，它会经历剧烈的季节性波动。然而，这种现象本身就是使用银行信贷的结果。关于这些问题的更详细的讨论，参见《价格与生产》的第四讲。

关于货币数量变化的影响的准确命题，只有在货币数量变化的源头和在经济体系中发生该变化的部分都有准确信息时才能确定。出于这一原因，很难指明囤积的财富减少或者发现新的金矿所带来的变化。个人选择如何花钱是天生的还是其他非经济动机的结果，不能从推测的考虑来判定。同样，只要我们不了解银行向国家提供的信贷如何使用这一信息，就几乎不能先验地对该银行信贷进行判定。然而，当我们讨论银行向工业提供的生产性信贷时，情况就不同了——这些信贷是通货数量最常见的增长形式。只有在使用这些信贷是有利可图的时候，或者至少看起来是有利可图的时候，它们才会被发放。然而，盈利能力是由为这些信贷所支付的利息与使用这些信贷所赚取的利润之比决定的。只要任何给定利率下可获得的信贷数量是有限的，竞争就会确保只有最有利可图的业务才能从给定数量的信贷中获得资金。因此，利率决定了这些新增货币的用途，而这些用途可判定的数额又取决于对利率的重要性和影响的了解程度。无论人们对这个理论经济学的古老问题有什么著述或思考，不可否认的是，到目前为止，对我们的分析很重要的那些利息理论的特定方面没有得到应有的重视，甚至没有得到应有的认可。在本书有限的范围内，做出我所认为在这一领域的必要补充分析是不切实际的；但是，在结束之前，我想至少指出一些迄今为止似乎被过度忽视的不同角度的方法。可想而知，与以前的各部分相比，以下各部分更称不上全面。

2. 最重要的影响是通过货币利率结构的变换，从而提出了一系列重要的问题

在当今的经济体系中，利息并不以纯经济学理论所描述的形式存在。我们不仅发现，有大量不同的利率，而不是一个一致利率（uniform rate of interest），而且除此之外，所有其他利率都依赖于静态理论所描述的利率，现有的各种利率中没有一种有资格被归类为静态理论所描述的那种利率，其区别仅在于它们受到特殊情况影响的程度。基于在纯理论基础上的利息固定的过程，同样的过程在现代信用经济中实际上从未得到遵循，因为在这样的经济中，储蓄的供给和需求从来不会直接相互面对。

所有现有的利息理论，除了少数几个不太成功的例外，都局限于对这样一种直接供求关系所引起的假想利率的解释上。在实际中从未发现这些理论所解释的利率，但这一事实并不意味着它们不重要，更不意味着对实际利率的任何解释都可以忽略它们。相反，对"自然利率"的充分解释是实现均衡的必要条件所必需的基础，也是理解每种利率在实际上对经济体系产生影响的不可或缺的基础。诚然，其不足以解释所有凭经验观察到的利率，因为它只考虑了决定这些利率的因素之一（尽管，这个因素总是始终有效的）；但是，任何考虑基准利率（ruling interest rate）的因素，如果不把对基准利率的分析与静态理论的假想利率联系起来，那么，对基准利率的任何考虑都将完全是悬而未决的。然而，在大多数情况下，对于将均衡利率建立在理论基础上这一更

广泛的问题尚未找到解决办法,均衡利率理论可以从无信贷的经济(the creditless economy)——即在现代经济中可以同时观察到的不同利率结构中推导出来。这一特定问题的解决应该为更深入地了解周期性波动起到重要作用。

但在我们一方面着手探讨自然利率与实际利率之间的差异,另一方面探讨各种不同的实际利率之间的差异之前,我们必须先陈述均衡利率本身变化的重要性,因为经济体系对于均衡利率在动态经济体系中的作用普遍存在着一些非常混乱的观念。这不足为奇,因为正如我们前面所看到的,对利息作用的认识不足是导致商业周期理论中大多数误解的原因。可以毫不夸张地说,经济学家对利息十分重视,将其看作经济发展的调节机制,这也许是其具有理论洞察力的最佳证明。因此,更令人遗憾的是,就利息理论而言,最近的经济学文献一直毫无成果。①这也许在某种程度上是由于早期的经济学家——我们现在对利息理论的认识要归功于他们——在他们的研究中停顿了下来,并且从未达到解释实际利率的地步。

3. 自然利率波动的意义

在纯粹利息理论的框架下(通过这个理论,我们理解了这一

---

① G.海因策(G.Heinze)先生最有力地肯定了这一观点,在他最近的研究中,《静态或动态利息理论》(*Static or Dynamic Interest Theory*)(莱比锡,1928年),得出了正确的结论:"尽管有人对庞巴维克的利息理论提出了部分合理的批评,但庞巴维克的利息理论仍然代表了对利息现象最合乎逻辑的完美经济阐述,而且该阐述最接近观察到的事实。"(第165页)

解释：不因货币因素影响而改变的利率，仍按货币计算的资本支付），我们必须简要地讨论自然利率受到"真实"因素制约的短暂波动的影响问题。这个问题非常重要，它在当今一些最著名的商业周期理论中占有决定性的地位。特别是卡塞尔教授的观点，周期性波动的真正原因在于高估了新资本的供给，这是基于这样的假设——即真实因素影响的利率暂时下降，会像人为以货币因素降低利率一样，导致过度投资。这种看法似乎得到了很多专家的支持，但必须根据引起利率波动的变化是源自需求侧还是供给侧来做出完全不同的判断。卡塞尔教授在其商业周期理论中用需求侧变化引起的波动作为解释，其当然不能被视为对周期的充分解释；因为，正如A.阿蒙（A.Amonn）教授已经指出的那样，① 这并不是企业家（假设利率不变）期望未来获得比现在更多信贷的理由。然而，毫无疑问，储蓄的剧烈波动以及随之而来的均衡利率的暂时变化，和人为地降低货币利率一样造成资本投资的扩大，而由于储蓄供给减少，这种投资在以后将无法维持。② 因此，在这种情况下，推崇非货币周期性波动就可以接受了。然而，这

---

① 卡塞尔的《国民经济理论体系》（*System der Theoretischen Nationalökonomie*）（《社会科学和社会政策档案》，第51卷，图宾根，1924年，第348及以下诸页）。为了不超出我们的研究范围，我们必须放弃批评卡塞尔教授的论点这个非常有吸引力的任务。这样的批评还必须讨论G.哈尔姆（G.Halm）博士对这一论点的非常巧妙的理论解释["货币和资本市场的利率问题"（"Das Zinsproblem am Geld und Kapitalmarkt"），《国民经济与统计年鉴》，第三辑，第70卷，耶拿，1926年，第16及以下诸页）。我们在这里只能指出，哈尔姆在这项研究中被迫利用旧的假设，即储蓄积累了一段时间，然后"在真正繁荣开始的那一刻"突然被利用起来（第21页）。

② 参见A.兰珀（A.Lampe）博士的《关于储蓄过程和信贷创造的理论》（*Zur Theorie des Sparprozesses und der Kreditschöpfung*）（耶拿，1926年，第67及以下诸页）。

与迄今为止所采用的周期性波动的观念不同,因为从繁荣到萧条的过渡并不是繁荣本身的必然结果,而是受到"外部环境"的制约。这种向下的转变在迄今为止的静态经济下或在繁荣结束后的萧条时期都同样可能发生;因此,与其说它是一个周期性变动的例子,不如说它是根据数据变化进行直接调整过程的一个特别复杂的案例。无论如何,由于上述原因,与内生理论相比,这种解释只有在后者被证明不足以解释给定的具体现象时才会发挥作用。

但毫无疑问,这种受储蓄率变化影响的自然利率波动,在利息理论中提出了一些非常重要的问题,解决这些问题将有助于评估受货币变化影响的波动效应。我们完全忽略了确定储蓄供给的情况和该供给的波动;对这些情况的考察是未来研究的一个很有前景的领域。甚至有可能显示,经济进步必然伴随着储蓄活动的波动,从而为我们所提到的理论提供坚实的基础。这种可能性,也许不太大。

与上述问题直接相关的是利率变动对整个价格体系的影响问题。对这一主题的研究使费特教授所强调的观点更明晰,① 即利率的高度在任何给定时刻都体现在价格关系的整个结构中,而利率的每一次变化都必然同时而同等地导致特定价格之间的关系发生变化,从而引起整个经济的数量关系的改变。

但在这里,我们必须满足于引发人们对由于自然利率变化所

---

① "利息理论和价格变动",《美国经济评论》,第17卷,增刊,特别是第78页。也可参见《价格与生产》第三讲。

引起的问题的关注,而不必进一步帮助解决这些问题。我们只是冒昧地对这个问题(其不涉及这些变化的后果,而是涉及这些变化的原因)做进一步的评论,因为这在接下来的内容中很重要。这一问题是:利率是否在任何时候都取决于当时存在的资本总量,还是仅仅取决于可用于新投资的自由资本数量。[①]我们在这里提到这一点,只是为了强调一种普遍的观点是站不住脚的,这种观点认为:在供给方面,决定因素是整个现有的资本存量。如果是这样,就很难解释利率的任何大幅波动,因为现有资本存量在短期内和正常情况下所经历的相对变化是微不足道的。对这一领域的相互关系进行彻底研究必定表明,实际利率(除对借贷资本的需求之外)仅取决于新产生的或再生的资本的供给。现有的固定资本存量通过决定新投资的预期收益率而只影响需求侧。这就解释了为什么在一个固定资本配置良好的国家,其利率可以暂时高于一个资本配置差的国家,前提是后者可用于新投资的自由资本比前者多。这一事实与我们稍后将要讨论的被迫储蓄(forced saving)现象有关。

4. 自然利率或均衡利率的概念

关于自然利率或均衡利率与实际利率的关系,首先应该指

[①] "可供投资的资本"(Capital disposable for investment)是经典经济学家通常用来区分自由资本与实际资本存量的词汇。参见J.S.密尔(J.S.Mill)《关于政治经济学中一些未解决问题的随笔》(*Essays on Some Unsettled Questions of Political Economy*),伦敦,1844年,第113及以下诸页。

出,连这种差别的存在也是受到质疑的。然而,反对意见主要来自于一种误解,这种误解是由于提出这种差别的维克塞尔在他后来的著作中使用了"真实利率"(real rate)一词(在我看来,这一术语不如"自然利率"合适),而且他这种表述比我们使用的更为普遍。① "真实利率"一词也不合适,因为它与费雪教授的"真实利率"重合②,众所周知,它表示实际利率(actual rate)加上货币升值率或减去货币贬值率,因此与通常使用的"真实工资"(real wages)或"真实收入"(real income)一词的含义相同。遗憾的是,维克塞尔在术语上的变化也与他对"自然利率"的定义有一定模糊性有关。他曾经恰当地将其定义为"贷款资本需求正好等于储蓄供给的利率"③,但又在另一个场合将其重新定义为"如果没有货币交易,真实资本(real capital)在自然状态下被借出"的利率④。如果最后这个定义是正确的,哈尔姆[5]博士针对"自然利率"的概念提出的反驳就是正确的,该意见认为一致利率只能在货币经济中出现,因此整个分析是无关紧要的。如果哈尔姆博士不是固守这个令人遗憾的方法,而是根据维克塞尔

---

① 参考罗普克教授和布尔夏特博士的著作;还有 E.埃格纳(E.Egner)《关于被迫储蓄的理论》(*Zur Lehre vom Zwangsparen*),1928年,第537页。维克塞尔也偶尔使用"正常利率"这一表达(《利息与价格》,第111页)。

② 特别参见《升值与利息》(*Appreciation and Interest*)(美国经济协会出版物,第三系列,第11卷,第4册,纽约,1896年)。

③ 《国民经济学讲义》,第二卷,第220页。

④ 《利息与价格》,第93页。

⑤ "货币和资本市场的利率问题",《国民经济与统计年鉴》,第三辑,第70卷,第7页,脚注。

的正确定义进行推理,他就会得出与韦伯教授相同的结论——韦伯教授是他所在学派的杰出引领者;也就是说,自然利率是一个"从任何对经济相互联系的清晰研究中自动演化而来"的概念。①根据这一观点,维克塞尔的概念在研究货币对经济体系的影响方面具有根本意义;特别是如果人们意识到货币利率被不断增加的通货的数量压到低于自然利率的重要实际意义。遗憾的是,尽管维克塞尔的解决方法不能被认为在所有方面都是充分的,但自从他提出这个方法以来,还完全没有受到与它的重要性相称的关注。除了上文提到的米塞斯教授的著作之外,该理论没有取得任何进展,但仍有许多与之相关的问题有待解决。②这可能是因为(我们已经谈到过)这个问题已经和一般价格水平的波动缠在一起了。我们已经陈述过对这一点的看法(原书第196页),并指出了进一步发展该理论的必要条件。在这里,我们将尝试以正确的形式重述这个问题,而不再提及任何价格水平的变动。

5.均衡利率与实际(货币)利率之间的关系

每一种给定的生产结构,即在不同生产部门和生产阶段之间

---

① 《储蓄银行和投机银行》,第3版,1922年,第171页。
② 另一次发展维克塞尔理论的尝试——我是在写完上述文章后才知道的——是由帕多瓦的M.范诺(M.Fanno)教授在《银行与货币市场》(*Le banche e il mercato monetario*)(罗马,1912年)中进行的,时间大约是在米塞斯的著作出版的时候。范诺教授理论的简略重述不久将以德文出版,在一卷由一些荷兰、意大利和瑞典作者撰写的关于货币理论的论文集中,论文集由本文的作者编辑。

的每一种给定的物品分配，都要求制成品价格与生产资料价格之间存在某种确定的关系。在均衡状态下，这两组价格之间必然存在的差额必须与利率相对应，在这个利率水平下，必须从当前的消费中储蓄同样多的资金，并可作为维持这种生产结构所必需的投资。后一个条件的产生必然基于前一个条件的实现，因为只有在给定价格和利率下，在生产品（producers' goods）的供给恰好足以维持现有规模时，生产资料所支付的价格加上利息对应于最终产品的价格。因此，只要在给定利率下，当期收入中没有被消费，而是被再投资于生产的部分，仍然恰好等于进行生产所需的必要资本，生产资料和产品之间的价格差（the price margins）只能保持不变并与利率相一致。这一比例的每一次变化都必须从削弱价格差和利率的对应关系开始；因为它对双方有方向相反的影响，从而导致整个生产结构的进一步转变，体现出对改变的价格关系的调整。由此导致的生产结构的变化并不总是相同的，这些变化将根据以下条件而不同：社会收入分别用于消费品和投资品（investment goods）的比例的变化是否与个人决定支出和储蓄的真实变化相对应，或者如果没有个人储蓄活动的任何相应的变化，该比例是否是人为形成的。

除了个人储蓄活动（当然包括公司、国家和有权筹集强制性缴款的其他机构的储蓄）之外，消费和资本创造之间的比例只能随着货币有效数量的变化而改变。① 当个人储蓄活动的变化导致

---

① 兰珀对这里考虑的问题进行了非常有启发性的研究：《关于储蓄过程和信贷创造的理论》，耶拿，1926年。

社会总红利分配发生有利于资本创造的变化时,这种变化是自我延续的。"消费和积累"(如果我们可以使用一次马克思主义文献的术语的话)之间的差异是不真实的,因为这些差异是由于给企业家提供了新增的信贷;只有通过逐步提高的信贷创造速度,从而人为地将该比例保持在较高水平的情况下,我们才可以认为这种情况会持续下去。这种将货币向流通的注入只是暂时起作用——直到新增的货币变成收入。此时,除非新信贷与新的货币收入总额之间的关系与第一笔注入的货币与前一笔货币收入总额之间的关系相同,资本创造的比例必须重新回落到自愿储蓄活动的水平。①

很明显,在我们现有的信贷体系下,这种逐步增加货币供给量的过程是无法维持的,特别是因为随着信贷体系的发展,现金将得到更广泛的使用。另一方面,仅仅使进一步的增长中断——而不是因此将信贷政策向通货紧缩逆转——就足以使可用于资本形成的总收入比例恢复到自愿储蓄的程度。

形成消费和形成资本这两种变化的影响差异首先表现在价格体系上,进而表现在自然利率或均衡利率上。只要生产结构保持不变,由于储蓄活动增加而产生的贷款利率下降的第一个影响

---

① 文中提出的论点(为简明起见,采用这种形式)在两个方面是不完善的。首先,自愿储蓄的流量本身可以随着资本形成比例的单一变化而变化。然而,这个因素不太可能变得足够重要,对它的忽略不足以影响到文中的论述。第二,最初给予企业家新增货币并由他们用其来延长生产周期的方法,从长远来看总会使收入增加,需要对这种方式进行进一步阐述。但是,作为一个一般性的命题,显而易见的是,无论谁使用新增的信贷来制造额外的投资品,都只能通过使用额外的生产要素来实现;因此,由于在我们的例子中,对其他要素的需求没有抵消性地减少,要素的总收入一定增加。

是，使该贷款利率低于生产资料价格和产品价格之间的差价。然而，储蓄活动的增加一定会很快造成：一方面对消费品的需求下降，从而造成其价格下降的趋势（这种趋势可能仅表现为现有价格下的销售下降）；另一方面对投资品的需求增加，从而导致其价格上升。随着新产品进入市场，生产的扩大将对消费品的价格产生进一步的抑制作用，直到最后，各方价格之间的差额缩小到与新的、更低的利率相对应的幅度。但是，如果利率的下降是由于通货的增加，那么它不会导致价格差的相应减少，也不会导致两组价格重新调整到将持续下去的均衡利率水平。此外，在这种情况下，对投资品需求的增加将带来对消费品需求的净增长；因此，价格差的缩小不能超过消费品价格上涨的时滞所允许的程度——这种时滞只有在通货膨胀过程继续下去的情况下才会存在。一旦信贷通货膨胀的停止使投资品价格的上涨停止，投资品价格与消费品价格之间的差价将再次扩大，消费品价格再次上涨，不仅恢复到以前的水平，而且会超过以前的水平，因为在通货膨胀过程中，生产结构发生了如此大的变化，与社会收入在支出和储蓄之间的分配相比，消费品的供给将比通货膨胀开始前相对减少，而生产品的供给将相对增加。①

6. 被迫储蓄是经济危机的一个原因

最近，越来越多的人反对这种关于货币数量增加所产生的

---

① 参见我的文章"储蓄的'悖论'"，《经济学刊》，第32期，第160页。

效应,以及人为降低利率受其影响的说法,理由是这种说法忽视了与这种现象密切相关的某些据说是有利的影响。反对者想到的是所谓的"被迫储蓄"现象,这种现象在最近的文献中受到了极大的关注。①我们要理解的是,这种现象是以牺牲消费为代价增加资本创造,是通过提供新增信贷,而不是放弃消费的个人的自愿行动,也不会让消费者获得任何直接利益。根据被迫储蓄理论的通常表述,这是通过货币一般价值的下降而发生的,而货币一般价值的下降降低了消费者的购买力,因此释放出来的货品数量可供获得新增信贷的生产者使用。然而,我们对这一理论提出同样的反对意见,正如我们反对通常所说的人为降低货币利率的影响,即,原则上,只要货币数量增加,被迫储蓄就会发生,不需要通过货币价值的变化来体现。②

消费者手中的货币"贬值"可能是,通常会是,也只能是相对的,在这个意义上,那些本来会发生的价格下跌被阻止了。这仍会导致一部分社会红利分配给那些既没有通过之前的利息支付

---

① 除了这一理论的创始人莱昂·瓦尔拉斯(Léon Walras)[参见他的《应用政治经济学研究》(Etudes d'économie politique appliquée),1898年,第348—356页],以及维克塞尔、米塞斯教授和熊彼特教授的著名著作外,还必须提到罗普克教授、埃格纳博士和奈塞尔博士的最新著作;以及盎格鲁-撒克逊文献中罗伯逊先生的《银行政策与价格水平》(1926年,伦敦)。然而,正如我在《价格与生产》的第一讲以及1932年11月《经济学季刊》的"关于被迫储蓄理论发展的说明"("A Note on the Development of the Theory of Forced Saving")(此文稍长)中所指出的那样,"被迫储蓄"的概念在19世纪初已为J.边沁(J.Bentham)、桑顿、T.R.马尔萨斯(T.R.Malthus)乃至J.S.密尔这些作家所熟知。

② 参见罗伯逊,《货币》(Money),第二版,第99页;庇古,《工业波动》,第二版,1929年,第251—257页。

获得合法权利，也没有合法地从其他人手中接过这些社会红利的个人。因此，社会的这一部分人的意愿被剥夺了。在上述情况之后，这个过程无需进一步说明。

我们不需要提供进一步的证据来证明每一次新增信贷的发放都会诱发"被迫储蓄"——即使我们在讨论过程中避免使用这种相当令人遗憾的表达方式。还有一点——这种人为诱发的资本积累的影响——需要补充几句，人们常常论证，人为压低利率所引起的被迫储蓄，将改善经济的资本供给，以致自然利率最终必然降至货币利率的水平，从而创造一种新的均衡状态——也就是说，危机完全可以避免。这一观点与我们已经否定的观点密切相关，即自然利率水平直接取决于整个现有的真实资本（real capital）的全部存量。被迫储蓄只会增加真实资本品的现有存量，但并不一定会增加用于投资的可支配的自由资本的现有供给量——即收入总额中没有被消费掉而用于固定设备的维护保养和折旧准备金的那部分。但是，可用于新投资或再投资的自由资本供给的任何补充，都必须来自已经产生收益的被迫储蓄所引起的投资；收益足够多，在支付了与新的生产资料有关的补充成本之后，还留下盈余可以支付折旧和资本利息。如果来自这一来源的资本供给要降低自然利率，那么它当然不能被其他方面的减少所抵消——其他企业因面临来自有新资本供给的企业的加剧竞争而衰落，这是其导致的结果。

因此，假定人为增加固定资本（即由新增信贷引起的增加）往往以与通过自愿储蓄活动产生的增加相同的方式降低自然利率，这种假设的前提是，新资本必须以这样的方式纳入经济体系，即归入该体系的产品的价格应包括利息和折旧。现在，给定的资本品存量不是一个自动维持和更新的因素，不论其是否与当前储蓄的供给相一致。已经进行的投资是不能"撤销"的这一事实并不能保证情况就是这样。能否创造出超越自愿储蓄限制的资本，取决于信贷创造过程是否继续以稳步增长的速率进行，这一点对于资本的更新和新工厂的创建同样适用。如果要完成新的生产过程，并且如果要继续运营已经存在的生产过程，就必须以足够快的速度不断注入新增的信贷，以便以恒定的比例对消费者不断扩大的购买力保持领先。如果能够在这些条件仍然适用的情况下完成一个新的迂回生产过程，就可以暂时有助于降低自然利率，但这并不能最终解决这一难题。

因为，最终，银行无法再维持所需的通货膨胀率的时刻必然会到来，而在这一时刻，总会有一些刚刚开始而尚未完成的生产过程[①]，而这些生产过程之所以冒险进行，只是因为利率被人为地维持在较低水平。当然，这并不意味着这些特定过程将由于随后的利率上升而不能完成；另一方面，这些过程的存在确实会导致

---

① 存在尚未完成的新的更长的生产过程并不是正常情况的一个必要条件，因此为对消费财货需求的相对增加可能导致放弃这些过程，从而导致那里使用的部分资本遭到损毁；但在实践中总会出现这种情况，而且这种影响最容易看到。然而，在这方面应当注意，采用较长的迂回生产过程，几乎在所有情况下，不仅会影响到单个企业，而且还会影响到体现连续生产阶段的一系列企业。从这个意义上说，如果缺乏要投资于工厂生产的机器或其他所需资本财货的资本——即使一个完整的工厂也可能代表不完整的过程的一部分。从这个意义上说，为满足不能永久维护的机器的需求而设立的工厂是一个不能持续的迂回过程的一部分。欲了解更全面的描述，请参阅《价格与生产》第三讲，尤其是笔者的文章"资本消耗"，《世界经济档案》，1932年7月。

利率比没有它们时的利率水平高，只有通过自愿储蓄而可能产生的、没有任何竞争性需求的过程才需要资本，这些过程只能通过"被迫储蓄"启动。因此，投资于新的和尚未完成的生产过程的资本，只会通过要求完成这些过程所必需的资本来使对进一步供给的需求加剧——投入的资本与仍然需要的资本的比率越大，这种效果将越明显。因此，为了完成这些新启动的生产过程，可能很容易发生这样的情况，即资本可能会从维护完整的老企业中抽离出来，从而使新的工厂投入运营，旧工厂关闭，尽管如果从一开始就是建立经济的全部资产设备的问题，后者本来可以保持下去，而前者永远不会出现。这不仅意味着总回报率会比不这样做时要低，而且主要还意味着生产被迫进入只有在新的和虚假生产的固定资本存量能够继续使用的情况下才能保持的方式。投资于可持续的过程的资本价值，还有更多投资于不可持续的（持续性是不切实际的）过程的资本价值，将迅速缩水——这种缩水伴随着危机现象。因此，从纯粹技术的角度来看，维护这些设备将变得不经济。应当特别指出，从单个企业的命运来看，投资于固定设备但通过借款筹集的资本恰好与营运资本具有同等的重要性，即价值损失不仅需要必要的减记，而且它通常根本无法持续下去。

这一事态发展的原因，显然是一种不必要的资本积累一直在发生，尽管人们可能认为这是一种完全可取的现象（以"被迫储蓄"这一诱人的名义）。经过上述讨论之后，将被迫储蓄视为经济危机的原因，可能比期望它恢复平衡的生产结构更为恰当。

7. 货币市场和资本市场利率

还有一个关于利息理论的问题，在更广泛的字面意义上，我们需要比现在更仔细地研究这个问题，以便展示一个对商业周期理论的发展具有至关重要性的问题。这就是在同一时间、同一地点基准利率的不同高度和独立运行的问题。当然，我们并没有考虑到受到借款人不平等地位的影响或受到以利息的名义支付信贷的相关利息或费用的事实影响的差异。我们只对仅限于纯利率或净利率的变动问题感兴趣，因为可以在不同期限的信贷之间观察到它们——这个问题通常在经济学文献中分别在货币市场和资本（投资）市场上被称为利率问题。

在这方面，我们可以重复我们在本章开始时已经说过的话，即关于利息理论研究已经中断得太早，因此无法对任何特定时刻实际基准利率有充分的理解。非常值得注意的是，那些使我们对决定均衡利率的基本因素有着深刻洞见的伟大理论家，没有一位尝试解释利率之间的这些差异。对这个问题的系统研究要晚得多，其特点主要与"资本或货币市场的外部秩序"问题有关；直到最近哈尔姆[①]博士才将不同利率的同时存在"作为一个利息理

[①] "货币和资本市场的利率问题"，《国民经济与统计年鉴》，第三辑，第125期，第70卷，耶拿，1926年。在哈尔姆给出的综合参考书目中，以下内容以及一些最近的补充值得一提，斯皮特霍夫：（1）"资本与货币市场的外部秩序"（"Die äussere Ordnung des Kapital und Geldmarktes"）；（2）"资本、货币和财货世界之间的关系"（"Das Verhältnis von Kapital, Geld und Güterwelt"）；（3）"资本在与财货世界的关系中

论问题"来讨论。虽然哈尔姆博士在以适当的形式讨论这个问题方面做出了不可否认的贡献，这一点值得充分赞扬，但他在解决问题方面的尝试很难被认为是完全成功的。因此，我们仍然处于货币利率这一特殊理论的一个至关重要的发展的开端。

对于商业周期理论来说，弄清这些相互联系至关重要，因为在周期循环过程中，现有生产资料的预期收益与可获得的可用流动资本的实际收益之间必然会出现差异。如果对决定这两类投资收益的影响有足够的洞察，那么两类利率水平同时发生的变化应能为判断任何实际情况提供极有价值的材料，因此，这部分利息理论的发展将为发展实证研究和预测提供重要的基础。如果在任何时候，全部资本供给必须被投资一段较长的时期，利率就会普遍存在，一个特别有希望的办法可能是，从利率之间时间差均等化的角度来研究这个问题。这种均等化可以通过一种套利来实

（接上页）的缺失（"Der Kapitalmangel in seinem Verhältnis zur Güterwelt"）；这些都收入在施莫勒（Schmloler）的《年鉴》（*Jahrbuch*），第33卷（慕尼黑，1909年）。以及，他的"资本和货币市场的概念"，施莫勒的《年鉴》，第44卷，1920年。H.v.贝克拉特（H.v.Beckerath）《资本和货币市场》（*Kapital und Geldmarkt*）（耶拿，1916年）。

已经提及的熊彼特教授、奈塞尔博士和费雪教授的作品；哈恩："关于货币市场的理论"（"Zur Theorie des Geldmarktes"）（《社会科学和社会政策档案》，第51卷，图宾根，1924年）。卡琳·科克（Karin Kock）："利率研究"（A Study of Interest Rates），《斯德哥尔摩经济研究》（*Stockholm Economic Studies*），第一期，1929年，伦敦。

W. W. 里夫勒（W.W.Riefler），《美国的货币利率和市场》（*Money Rates and Markets in the United States*）（纽约和伦敦，1930）。

O.唐纳（O.Donner）和A.哈瑙（A.Hanau）在"关于市场关联性问题的建议"（"Untersunchung zur Frage der Marktzusammenhänge"）[《商业周期研究季刊》（*Vierteljahrshefte zur Konjunkturforschung*），第3年，第3A号，商业周期研究所，柏林，1928年]中对实证研究中出现的问题进行了很好的总结，是同类研究中的典范。

现，对于这种套利，自然只有在随时贷出或通知即贷出的货币才可以被考虑。

在这个领域，我在另一篇文章中尝试将均衡分析范围扩展到连续发生的现象，①也许经证明是富有成效的。无论如何，对这种套利的解释也可以说明为什么短期信贷的利率可以暂时低于长期利率，或者暂时高于长期利率，因为借款人和贷款人都会发现这种套利对自己有利。以下意见无法反驳这种观点：短期信贷利率的变动不仅早于资本市场，而且变动幅度大于资本市场，因为支付较高的利率或获得较低的利率在经济上可能是完全合理的，人们对短期比对长期的期望要高，因为在更有利的条件下对在较晚时期获得更好交易价格的预期，可以弥补短期内遭受的相对不利条件。

8. 统计研究的问题

最后，我们要十分简要地指出统计研究领域的某些任务，根据我们的理论分析，这些任务似乎特别富有成效。关于所讨论的最后一个问题，我们应该提请注意有关货币市场的统计数据，遗憾的是，这些数据仍然处于非常初级的阶段，部分是由于技术上的原因，但主要是因为难于解释。后者主要是由于这样一个事实，即对利率的绝对水平的统计测定，甚至利率变动的统

---

① 参见"跨期价格均衡和货币价值变动"——已经引用。

计测定,几乎没有揭示出任何影响经济体系的因素。①同样的利率,在某一时刻相对于整个经济状况而言可能过低,而在下一时刻可能过高,反之亦然。对这一点的误解可能导致统计经济学家经常持有一些错误观点——这些观点号称利率水平无关紧要。人们无数次尝试通过统计研究将利率的重要性降到最低,这种尝试在美国大量存在——如果不是因为人们对统计研究的局限性一直完全不清楚,就不可能进行这些尝试②[在美国,人们甚至毫不回避试图通过统计研究来找到利息的解释(!)这样的荒谬行为]。在这里,我们必须再次重申本书开头的论断:统计数据永远不能证明或反驳一种理论解释,它们只能提出问题或为理论研究提供实际领域。

利率的绝对水平并不能告诉我们利率的重要性——正因为如此,研究不同利率之间变动的程度和规律为统计技术提供了一个前景光明的领域。哈佛经济服务中心以长期利率趋势为基线,绘制著名的货币市场利率曲线的"三大市场晴雨表"(Three Market Barometer),是朝这个方向进行的首次引人关注的尝试。当然,这种对利率之间差异的实证研究并没有详尽讨论这些利率的完整理论解释可能指出的适合进行实证研究的方法。我们已经提到的唐纳(Donner)和哈瑙(Hanau)的研究充分证明了这样一个事

---

① 利率名义变化的统计测定也非常困难,因为变化可能以规定的形式发生,如按照特定利率贴现的票据特性的规定的变化等等。同样的利率可能只适用于更好的一类借款人,或者同样的借款人可能被要求支付更高的利率。

② 参见如C.施耐德(C.Snyder)的"利率对商业周期的影响"("The Influence of the Interest Rate on the Business Cycle"),《美国经济评论》,第十五卷,1925年12月;重印于《商业周期与商业计量》(*Business Cycles and Business Measurements*)(纽约,1927年)。

实,即通过我们概略的知识在统计研究中的应用,可以在很大程度上激发理论研究本身对新问题的认识。

然而,呈现出来的最艰巨的任务在于私人银行业的统计数据。在欧洲,我们要获得这些东西仍然得不到满足,不如货币市场本身提供的充分。另一方面,美国在这一领域已经做了一些开创性的工作,[①]因为美国所提供的丰富的统计资料本身就足以鼓励进行这种研究。而在欧洲,由于缺乏任何类型的材料,使得研究不可能朝这个方向迈出第一步。

在许多方面,这些探索中最引人注目的是霍尔布鲁克(Holbrook)先生的研究。他利用有关"国民银行"存款状况的数据,成功地建立了存款变动与批发价格水平波动之间广泛的平行关系,这些数据是在过去许多年,每隔几个月就可获得的。然而,与同一领域的大多数理论研究一样,他的结论也被一种肤浅

---

① 首先参见A. A.杨(A.A.Young),"美国银行统计分析"("An Analysis of Bank Statistics for the United States")(转载自《经济统计评论》,1924年10月、1925年1月和4月及1927年7月)(剑桥,1928年);H.沃金(H.Working),"价格和通货的数量,1890—1921年"("Prices and the Quantity of the Circulating Medium, 1890-1921")(《经济学季刊》,第三十七卷,剑桥,1923年),及他的"作为一般批发价格水平预测器的银行存款"("Bank Deposits as a Forecaster of the General Wholesale Price Level")(《经济统计评论》,剑桥,马萨诸塞州,1926年),施耐德,"作为商业活动衡量标准的存款活动"("Deposits Activity as a Measure of Business Activity")(《经济统计评论》,剑桥,马萨诸塞州,1924年,转载于《商业周期与商业计量》,纽约,1927年)。珀森斯,"银行贷款与存款比率的周期性波动"("Cyclical Fluctuations of the Ratio of Bank Loans to Deposits")(《经济统计评论》,剑桥,麻省,1924年)。哈恩,"银行资产负债表中的国民经济认知问题"("Zur Frage des volkswirtschaftlichen Erkenntnisinhaltes der Bankbilanzziffern")(《商业周期研究季刊》纪念版I,补编4,柏林,1927年)。

的假设所扭曲，即货币影响只能体现在价格水平的变动中，而在这种假设下，那些刚好足以防止价格水平变化的银行信贷数量的变化被认为不会对商业周期产生积极影响。值得一提的是——这与本书中提到的观点有特别的关系——根据沃金（Working）先生的计算，在战前，为了保持物价水平稳定，每年增加5%以上的存款是必要的；也就是说，必须创造一定程度的新增信贷，使生产结构发生很大变化。

如果我们的理论分析结果以统计研究为准，那么必须探究的就不是银行信贷数量的变化与价格水平变动之间的联系。一方面，统计研究要从银行存款数量和周转率的增减变化开始，另一方面，要从那些通常由于信贷注入而过度扩张的行业的生产规模开始。① 只要每一次的增加与现有数量的比例相同，通货的每一次增加都会带来同样的效果；只有增加这一比例，投资活动才有可能进一步增加。另一方面，增长率本身的每一次下降，都会导致通过信贷创造就可能实现的现有投资的一部分变得无利可图。因此，显示货币对周期过程的影响的曲线应该反映的不是通货总量的变化，而是流通量变化率的变化。② 这条曲

---

① 参见H.L.里德（Harold L.Reed）在其《1921—1930年联邦储备政策》（*Federal Reserve Policy 1921-1930*）（纽约和伦敦，1930年）中给出的指示性图表，第181及以下诸页。

② 从数学上讲，这个问题是这个函数的第一个微分的一个图形表示，而不是显示在任何时刻的原始运动的曲线。关于这个方法的主题，最近经常使用，参考费雪"商业周期主要是'美元之舞'"（"The Business Cycle Largely a 'Dance of the Dollar'"）[《美国统计学会季刊》（*Quarterly Publication of the American Statistical Association*），1923年12月]。

线的每一次上升都表明，人为降低货币利率则可能产生自愿储蓄不足以满足的新增投资，或者如果这条曲线已经在上升，那么进一步降低货币利率则可能产生上述新增投资；每一次下滑都表明，当前的信贷创造已不足以确保所有企业的持续存在，而这些企业最初都是由于信贷创造而产生的。根据现有数据，将造成资本品过度生产的这种影响的表现与这些产品生产的实际变化联系起来，将是非常有趣的。

银行统计数据对商业周期研究的潜在作用在于其为观察信贷发放与生产之间的直接联系提供了机会，尽管有朝一日这些可能成为商业预测的最重要基础，这些作用并没有借此机会得到详尽讨论。本该同样重要的研究是：在任何给定时刻，在银行资产负债表的其他项目下，研究确定信贷扩张的那些因素的数量，特别是盈利的资产总额与经常账户之间的关系，以及研究它们与现金流通之间的关系等等。如果这项研究不但可以及时展示影响信贷扩张的因素等方面的变动，更可以分析银行信贷与利率、利润及银行流动性之间更深层次的联系，特别是厘清它们之间的关系，有助于我们进一步了解决定信贷扩张的因素，以及认识这些因素的局限性，从而使我们有可能对确定经济总体发展的各种因素的变化进行预测。

非常遗憾的是，在欧洲大陆，这种研究很大程度上几乎是不可能的，因为缺乏以收益表显示的、间隔很短时间发布的银行状况的必要数据；这只在少数几个国家可以获得，而且持续时间很短。一旦人们认识到，由于银行的存在，经济体系的均衡力量无法使其所有部门的实际情况自动调整到符合古典经济学理论的描

239 述，即使从自由主义的角度来看，银行也应当对其业务状况进行一定程度的公开披露，而这对其他企业来说不是必需的；这绝不意味着违反商业保密原则，因为如果当局采纳美国的计划，经常发布所有银行的收益汇总，就足以达到这个目的。因此，我们的思考得出的结论是，在企业中间，特别是银行中间提高信息公开性，周期性波动应该有望显著减轻。在这方面，美国这一范例在其经济体系的所有部门都遥遥领先，它不仅会及时平息对这种公开的反对意见，而且迟早会迫使我们追随它的道路。

索　　引

（索引中的页码为英文版页码，即本书的边码）

A.Aftalion　A.阿夫塔利翁62，63
E.Altschul　E.阿尔特舒尔31
A.Amonn　A.阿蒙204
J.W.Angell　J.W.安格尔110

H.v.Beckerath　H.v.贝克拉特228
W.G.Behrens　W.G.贝伦斯118
E.v.Bergmann　E.v.伯格曼131
E.v.Böhm-Bawerk　E.v.庞巴维克126，131，203
L.v.Bortkiewicz　L.v.博特凯维茨118
M.Bouniatian　M.布尼亚蒂安143，156，166
F.A.Bradford　F.A.布拉德福德172
S.Budge　S.巴奇78，111，181，189
C.J.Bullock　C.J.布洛克38
F.Burchardt　F.布尔夏特105，121，122，126，141，209

E.Cannan　E.坎南153

E.Carell　E.卡雷尔33，94
T.N.Carver　T.N.卡弗63
G.Cassel　G.卡塞尔41，58，81，97，106，133，134，204
W.F.Crick　W.F.克里克153，161，171

H.J.Davenport　H.J.达文波特153
D.Davidson　D.戴维森115
B.Dernburg　B.德恩堡164，165，167
O.Donner　O.唐纳228，233
C.F.Dunbar　C.F.邓巴153

E.Egner　E.埃格纳209，219
W.Eucken　W.奥伊肯78，114

M.Fanno　M.范诺212
F.Ferrara　F.费拉拉153
F.A.Fetter　F.A.费特180，207，228
I.Fisher　I.费雪106，153，210，236
W.T.Foster　W.T.福斯特97

T.E.Gregory T.E.格雷戈里153

R.Giffen R.吉芬110

G.Haberler G.哈伯勒尔153

L.A.Hahn L.A.哈恩111，144，153，164，228，234

G.Halm G.哈尔姆205，210，211，228

A.Hanau A.哈瑙228，233

A.H.Hansen A.H.汉森53

C.O.Hardy C.O.哈迪66

R.G.Hawtrey R.G.霍特里141，153，168，181，190

G.Heinze G.海因策203

A.Jöhr A.约尔155，164

C.Juglar C.朱格拉尔148

J.M.Keynes J.M.凯恩斯80

G.F.Knapp G.F.克纳普117

K.Kock K.科克228

J.G.Koopmans J.G.科普曼斯118

A.Lampe A.兰珀205，214

J.S.Lawrence J.S.劳伦斯172

W.Leaf W.利夫153，164

E.Lederer E.莱德雷尔58，97，129

J.Lescure J.莱斯库雷58，97，129

A.Löwe A.洛维27，29，33，42，53，93，94，105，121，122，127，141，144，184，188

H.D.Macleod H.D.麦克劳德110，153

A.Marshall A.马歇尔110，139

C.Menger C.门格尔117

L.Miksch L.米克施42

James Mill 詹姆斯·密尔42

J.S.Mill J.S.密尔208，219

A.C.Miller A.C.米勒22

L.Mises L.米塞斯47，48，110，111，116，117，118，119，124，128，133，144，145，150，153，181，211，219

W.C.Mitchell W.C.米切尔53，58，63，97，129

O.Morgenstern O.莫根施特恩36，83，192

H.Neisser H.奈塞尔145，153，163，164，176，219，228

J.S.Nicholson J.S.尼科尔森110

J.Pennington J.彭宁顿153

W.M.Persons W.M.珀森斯38，53，234

C.O.Phillips C.O.菲利普斯153，154，161，172

A.C.Pigou A.C.庇古31，83，191，220

H.L.Reed H.L.里德 236
R.Reisch R.赖施 153，155，164，165
D.Ricardo D.李嘉图 110
W.W.Riefler W.W.里夫勒 228
D.H.Robertson D.H.罗伯逊 62，63，64，115，219，220
R.G.Rodkey R.G.罗德基 153
W.Röpke W.罗普克 46，111，181，188，209，219

J.B.Say J.B.萨伊 42，101
K.Schlesinger K.施莱辛格 139，164
J.Schumpeter J.熊彼特 57，60，97，163，168，183，219，228
H.Sidgwick H.西奇威克 110
C.Snyder C.施耐德 232，234
A.Spiethoff A.斯皮特霍夫 41，79，80，89，90，105，133，134，228
R.Strigl R.施特里格尔 181

R.Stucken R.斯图肯 115

H.Thornton H.桑顿 109，152，219
V.P.Timoshenko V.P.季莫申科 168
T.Tooke T.图克 153
R.Torrens R.托伦斯 153

L.Walras L.瓦尔拉斯 218
A.Weber A.韦伯 153，211
K.Wicksell K.维克塞尔 34，47，110，111，113ff，128，133，134，145，146，148，153，178，209，210，211，212，219
F.Wieser F.维塞尔 108
H.Withers H.威瑟斯 153，154
H.Working H.沃金 233，234，235

A.A.Young A.A.杨 233

经济学名著

第一辑书目

凯恩斯的革命	〔美〕克莱因 著
亚洲的戏剧	〔瑞典〕冈纳·缪尔达尔 著
劳动价值学说的研究	〔英〕米克 著
实证经济学论文集	〔美〕米尔顿·弗里德曼 著
从马克思到凯恩斯十大经济学家	〔美〕约瑟夫·熊彼特 著
这一切是怎么开始的	〔美〕W.W.罗斯托 著
福利经济学评述	〔英〕李特尔 著
增长和发展	〔美〕费景汉 古斯塔夫·拉尼斯 著
伦理学与经济学	〔印度〕阿马蒂亚·森 著
印度的货币与金融	〔英〕约翰·梅纳德·凯恩斯 著

第二辑书目

社会主义和资本主义的比较	〔英〕阿瑟·塞西尔·庇古 著
通俗政治经济学	〔英〕托马斯·霍吉斯金 著
农业发展：国际前景	〔日〕速水佑次郎 〔美〕弗农·拉坦 著
增长的政治经济学	〔美〕保罗·巴兰 著
政治算术	〔英〕威廉·配第 著
歧视经济学	〔美〕加里·贝克尔 著
货币和信用理论	〔奥地利〕路德维希·冯·米塞斯 著
繁荣与萧条	〔美〕欧文·费雪 著
论失业问题	〔英〕阿瑟·塞西尔·庇古 著
十年来的新经济学	〔美〕詹姆斯·托宾 著

第三辑书目

劝说集	〔英〕约翰·梅纳德·凯恩斯 著
产业经济学	〔英〕阿尔弗雷德·马歇尔 玛丽·佩利·马歇尔 著
马歇尔经济论文集	〔英〕阿尔弗雷德·马歇尔 著
经济科学的最终基础	〔奥〕路德维希·冯·米塞斯 著
消费函数理论	〔美〕米尔顿·弗里德曼 著

货币、就业和通货膨胀	〔美〕罗伯特·巴罗　赫歇尔·格罗斯曼 著
论资本用于土地	〔英〕爱德华·威斯特 著
财富的科学	〔英〕J.A.霍布森 著
国际经济秩序的演变	〔美〕阿瑟·刘易斯 著
发达与不发达问题的政治经济学	〔美〕查尔斯·K.威尔伯 编

第四辑书目

中华帝国的专制制度	〔法〕魁奈 著
政治经济学的特征与逻辑方法	〔英〕约翰·埃利奥特·凯恩斯 著
就业与均衡	〔英〕阿瑟·塞西尔·庇古 著
大众福利	〔西德〕路德维希·艾哈德 著
外围资本主义	〔阿根廷〕劳尔·普雷维什 著
资本积累论	〔英〕琼·罗宾逊 著
凯恩斯以后	〔英〕琼·罗宾逊 编
价值问题的论战	〔英〕伊恩·斯蒂德曼　〔美〕保罗·斯威齐 等 著
现代经济周期理论	〔美〕罗伯特·巴罗 编
理性预期	〔美〕史蒂文·M.谢弗林 著

第五辑书目

宏观政策	〔英〕基思·卡思伯森 著
经济学的边际革命	〔英〕R.D.C.布莱克 A.W.科茨　克劳弗德·D.W.古德温 编
国民经济学讲义	〔瑞典〕克努特·维克塞尔 著
过去和现在的政治经济学	〔英〕L.罗宾斯 著
1914年以后的货币与外汇	〔瑞典〕古斯塔夫·卡塞尔 著
政治经济学的范围与方法	〔英〕约翰·内维尔·凯恩斯 著
政治经济学论文五篇	〔英〕马尔萨斯 著
资本和收入的性质	〔美〕欧文·费雪 著
政治经济学	〔波兰〕奥斯卡·R.兰格 著
伦巴第街	〔英〕沃尔特·白芝浩 著

第六辑书目

对人进行投资	〔美〕西奥多·舒尔茨 著

经济周期的规律与原因	〔美〕亨利·勒德韦尔·穆尔 著
美国经济史　上卷	〔美〕福克讷 著
美国经济史　下卷	〔美〕福克讷 著
垄断资本	〔美〕保罗·巴兰，保罗·斯威齐 著
帝国主义	〔英〕约翰·阿特金森·霍布森 著
社会主义	〔奥〕路德维希·冯·米塞斯 著
转变中的美国经济	〔美〕马丁·费尔德斯坦 编
凯恩斯经济学的危机	〔英〕约翰·希克斯 著
就业理论导论	〔英〕琼·罗宾逊 著

第七辑书目

社会科学方法论探究	〔奥〕卡尔·门格尔 著
货币与交换机制	〔英〕威廉·斯坦利·杰文斯 著
博弈论与经济模型	〔美〕戴维·M.克雷普斯 著
英国的经济组织	〔英〕威廉·詹姆斯·阿什利 著
赋税论 献给英明人士 货币略论	〔英〕威廉·配第 著
经济通史	〔德〕马克斯·韦伯 著
日本农业的发展过程	〔日〕东畑精一 著
经济思想史中的经济发展理论	〔英〕莱昂内尔·罗宾斯 著
传记集	〔英〕约翰·梅纳德·凯恩斯 著
工业与贸易	〔英〕马歇尔 著

第八辑书目

经济学说与方法史论	〔美〕约瑟夫·熊彼特 著
赫克歇尔-俄林贸易理论	〔瑞典〕伊·菲·赫克歇尔　戈特哈德·贝蒂·俄林 著
论马克思主义经济学	〔英〕琼·罗宾逊 著
政治经济学的自然体系	〔德〕弗里德里希·李斯特 著
经济表	〔法〕魁奈 著
政治经济学定义	〔英〕马尔萨斯 著
价值的尺度　论谷物法的影响　论地租的本质和过程	〔英〕马尔萨斯 著
新古典宏观经济学	〔美〕凯文·D.胡佛 著
制度的经济效应	〔瑞典〕托斯坦·佩森　〔意〕吉多·塔贝林尼 著

第九辑书目

资本积累论	〔德〕罗莎·卢森堡 著
凯恩斯、布卢姆斯伯里与《通论》	〔美〕皮耶罗·V.米尼 著
经济学的异端	〔英〕琼·罗宾逊 著
理论与历史	〔奥〕路德维希·冯·米塞斯 著
财产之起源与进化	〔法〕保罗·拉法格 著
货币数量论研究	〔美〕米尔顿·弗里德曼 编
就业利息和货币通论	〔英〕约翰·梅纳德·凯恩斯 著 徐毓枬 译
价格理论	〔美〕米尔顿·弗里德曼 著
产业革命	〔英〕阿诺德·汤因比 著
黄金与美元危机	〔美〕罗伯特·特里芬 著

第十辑书目

货币改革论	〔英〕约翰·梅纳德·凯恩斯 著
通货膨胀理论	〔奥〕赫尔穆特·弗里希 著
资本主义发展的长波	〔比〕欧内斯特·曼德尔 著
资产积累与经济活动/十年后的稳定化政策	〔美〕詹姆斯·托宾 著
旧世界 新前景	〔英〕爱德华·希思 著
货币的购买力	〔美〕欧文·费雪 著
社会科学中的自然实验设计	〔美〕萨德·邓宁 著
马克思《资本论》形成史	〔乌克兰〕罗斯多尔斯基 著
如何筹措战争费用	〔英〕约翰·梅纳德·凯恩斯 著
通向繁荣的途径	〔英〕约翰·梅纳德·凯恩斯 著

第十一辑书目

经济学的尴尬	〔英〕琼·罗宾逊 著
经济学精义	〔英〕阿尔弗雷德·马歇尔 著
更长远的观点——政治经济学批判论文集	〔美〕保罗·巴兰 著
经济变迁的演化理论	〔美〕理查德·R.纳尔逊 悉尼·G.温特 著
经济思想史	〔英〕埃里克·罗尔 著
人口增长经济学	〔美〕朱利安·L.西蒙 著
长波周期	〔俄〕尼古拉·D.康德拉季耶夫 著

自由竞争的经济政策	〔美〕亨利·西蒙斯 著
社会改革方法	〔英〕威廉·斯坦利·杰文斯 著
人类行为	〔奥〕路德维希·冯·米塞斯 著

第十二辑书目

自然的经济体系	〔美〕唐纳德·沃斯特 著
产业革命	〔美〕查尔斯·A.比尔德 著
当代经济思想	〔美〕悉尼·温特劳布 编
论机器和制造业的经济	〔英〕查尔斯·巴贝奇 著
微积分的计算	〔美〕欧文·费雪 著
和约的经济后果	〔英〕约翰·梅纳德·凯恩斯 著
国际经济政策理论（第一卷）：国际收支	〔英〕詹姆斯·爱德华·米德 著
国际经济政策理论（第二卷）：贸易与福利	〔英〕詹姆斯·爱德华·米德 著
投入产出经济学（第二版）	〔美〕沃西里·里昂惕夫 著

图书在版编目（CIP）数据

货币理论与商业周期 /（英）弗里德里希·A.哈耶克著；吴富佳，陈伟，吴彼得译. -- 北京：商务印书馆，2024（2025.9 重印）. --（经济学名著译丛）. -- ISBN 978-7-100-24162-5

I. F820

中国国家版本馆 CIP 数据核字第 2024YN3062 号

权利保留，侵权必究。

经济学名著译丛
货币理论与商业周期
〔英〕弗里德里希·A.哈耶克　著
吴富佳　陈伟　吴彼得　译

商　务　印　书　馆　出　版
（北京王府井大街36号　邮政编码100710）
商　务　印　书　馆　发　行
北京市艺辉印刷有限公司印刷
ISBN 978 - 7 - 100 - 24162 - 5

| 2024 年 10 月第 1 版 | 开本 850×1168　1/32 |
| 2025 年 9 月北京第 2 次印刷 | 印张 5⅛ |

定价：38.00 元